新课标下的小学语文教育教学策略分析

赵 晶 著

WUHAN UNIVERSITY PRESS

武汉大学出版社

图书在版编目(CIP)数据

新课标下的小学语文教育教学策略分析/赵晶著.—武汉:武汉大学出版社,2024.12

ISBN 978-7-307-23800-8

Ⅰ.新… Ⅱ.赵… Ⅲ.小学语文课—教学研究 Ⅳ.G623.202

中国国家版本馆 CIP 数据核字(2023)第 094960 号

责任编辑:周媛媛 责任校对:牟 丹 版式设计:文豪设计

出版发行:**武汉大学出版社** (430072 武昌 珞珈山)

(电子邮箱:cbs22@ whu.edu.cn 网址:www.wdp.com.cn)

印刷:湖北云景数字印刷有限公司

开本:720×1000 1/16 印张:13.5 字数:199 千字

版次:2024 年 12 月第 1 版 2024 年 12 月第 1 次印刷

ISBN 978-7-307-23800-8 定价:79.00 元

前　言

随着教育改革的不断推进，相关研究者越来越关注课堂教学质量。小学是帮助学生打好学习基础的关键阶段，尤其是在课程教育改革的大背景下，如何深入小学语文课堂当中，处理好课堂教学和课程标准之间的关系，是进行课程研究时需要关注的重要问题。通过调查研究发现，部分小学的教学质量与新课标的要求存在较大出入，尤其是在教学实践环节，不仅无法满足新课标的要求，而且与学生实际情况相违背。以小学语文为例，小学语文作为小学阶段的一门主要课程，对学生的语文素养、道德品质、审美能力等有着重要影响。因此，有必要从新课标的角度出发对小学语文教学情况进行研究和讨论，准确把握小学语文在当前教学中取得的教学成就及存在的问题，进而为小学语文教学改革工作提供进一步的发展依据。

当然，在对新课标下的小学语文教学进行研究与分析时，不能仅从语文课程的教学情况出发，还需要从学生的角度出发。这就要求我们充分考虑小学生的实际情况。因为小学生的个人经验、认知能力、成长背景、学习兴趣等因素，都会对语文教学效果产生影响。所以，对新课标下的小学语文教育教学策略进行分析时，需要先从学生的角度出发对语文教学过程中出现的问题进行归纳总结，只有这样才能有针对性地促进语文教学的进一步发展。

本书主要内容包括上、下两篇。上篇内容主要是从语文教学本身出发，分别对语文教学当中的识字教学、阅读教学、写作教学、口语交际教学四部分内容进行调查研究。第一章内容主要是对小学语文识字教学进行研究。识字教学是小学语文的基础教学内容，这部分内容的教学情况关乎学生的学习基础。因此，对识字教学进行研究分析，并且保证识字教学的实际效果至关重要。第二章内容主要是对小学语文阅读教学进行研究。阅读教学不仅是小学语文教学的核心内容，而且是教师向学生进行经典文化传承、帮助学生塑造正确价值观的核心内容。因此，有必要对小学语文当中的阅读教学进行深入研究与探讨，发现其中的问题并制定有针对性的解决措施，提升语文阅读教学的实际效果。第三章是小学语文写作教学。写作教学是语文教学当中的重点和难点，不少学生对写作文存在恐惧心理。此外，在小学语文考试中作文分值所占比例较大，所以如何提升小学生的作文水平是小学语文教师一直以来非常关注的内容。第四章是小学语文口语交际教学。虽然口语交际在小学语文教学中并不是考核内容，但对学生的思维能力、未来就业等具有重要影响，所以对小学语文口语交际教学进行探究，提升小学生的口语交际能力，对小学生语文水平的提升及个人综合素养的发展具有重大意义。

下篇内容也分为四章，分别研究了在全新的教学环境下，小学语文教学如何与劳动教育、德育、美育、信息技术进行有效融合。劳动教育一直以来都处于被忽视的地位，尤其是在小学阶段，因为小学生的自理能力相对较弱，所以学校很少组织他们进行劳动，这就容易导致小学生逐渐形成错误的劳动意识。因此，下篇的第五章就对小学语文教育与劳动教育的融合进行了研究与探讨，阐述了两者的融合现状，总结了其中存在的问题，并且有针对性地提出了解决措施。小学语文本身具有人文性特点，所以开展小学语文教学不仅能够提升学生的智力，而且能够提升学生个人的道德品质。因此，积极挖掘小学语文教材中的德育内容，促进小学语文教育和德育的相互融合与渗透至关重要。第六章的内容就对小学语文教育与德育的融合进行了研究，为新课标下小学德育工作的开展提供了新思路。第七章对小学语文教育与美育的融合情况进行了调查。当前，美育逐渐受到重视，政府与相关部门也明确要求在学校教学当中加强美育工作。虽然经过多方努力，小学的教育教学已经在美育方面取得了一定成绩，但是美育仍然处于薄弱环节。考虑到小学生好奇心重、可塑性强等特点，有必要在小学阶段对学生开展美育，促进小学语文教学和美育的融合。进入21世纪之后，信息技术得到了飞速的发展，已经逐渐渗透到各个领域，其中就包括教育领域。利用信息技术开展小学语文教学能够有效提升语文教学效率，但是我们仍然需要辩证地看待信息技术的发展，因为信息技术的到来也让自制力较差的小学生无法规范个人行为，导致很多小学生沉迷于网络。因此，第八章对小学语文教育与信息技术的融合进行了深入研究与探讨，不仅分析总结了两者在融合过程中存在的问题，而且针对现存问题提出了切实可行的措施，能有效促进信息技术与小学语文教育的深度融合。

总而言之，本书对小学语文教学中的多方面内容进行了分析探讨，并且对新课标下小学语文教育的发展方向进行了探索，为小学语文教育的发展提供了更多的可能性。

作者简介

赵晶，汉江师范学院教育学院讲师，在读博士。主讲《小学语文课程与教学论》《小学语文教材研究》《小学教师礼仪》等课程。主持并参与科研项目 5 项，执教课程《小学语文课程与教学论》在 2020 年获得湖北省线下一流本科课程认定，指导的学生分别在 2021 年、2022 年举办的"互联网+"创新创业比赛中获湖北省"建行杯"比赛银奖和铜奖。公开发表论文 4 篇。研究方向：课程与教学论、教材研究、教师礼仪。

项目资助

1. 汉江师范学院校级教研项目"'模拟授课'在小学语文教学法课程中的应用研究"（汉江师范学院，教编号：2019C17）。

2. 湖北省省级线下一流本科课程《小学语文课程与教学论》建设项目（项目编号：鄂教高函〔2021〕3 号）。

3. 汉江师范学院校级一流本科课程《小学语文课程与教学论》建设项目（汉江师范学院，教〔2020〕61 号）。

目　录

绪　论　相关理论概述 ………………………………………………… 1

第一节　新课标下小学语文教学的新要求与新发展 ……………… 1

第二节　小学语文教学策略 …………………………………………… 2

上篇　新课标下小学语文教学中的教学策略

第一章　小学语文识字教学 ……………………………………… 5

第一节　当前小学语文识字教学现状、存在问题及其产生原因 ……… 5

第二节　新课标下小学语文识字教学策略 ……………………… 10

第二章　小学语文阅读教学 ……………………………………… 22

第一节　当前小学语文阅读教学现状、存在问题及其产生原因 ……… 22

第二节　新课标下小学语文阅读教学策略 ……………………… 30

第三章　小学语文写作教学 ……………………………………… 39

第一节　当前小学语文写作教学现状、存在问题及其产生原因 ……… 39

第二节　新课标下小学语文写作教学策略 ……………………… 45

第四章　小学语文口语交际教学 ………………………………… 62

第一节　当前小学语文口语交际教学现状、存在问题及其产生原因 …… 62

第二节　新课标下小学语文口语交际教学策略 ………………… 73

下篇 新课标下小学语文教育的融合发展

第五章 小学语文教育与劳动教育的融合 ·········· 89

第一节 小学语文教育与劳动教育融合的现状 ·········· 89

第二节 小学语文教育与劳动教育融合的策略 ·········· 98

第六章 小学语文教育与德育的融合 ·········· 114

第一节 小学语文教育与德育融合的现状 ·········· 115

第二节 小学语文教育与德育融合的策略 ·········· 127

第七章 小学语文教育与美育的融合 ·········· 139

第一节 小学语文教育与美育融合的现状 ·········· 139

第二节 小学语文教育与美育融合的策略 ·········· 151

第八章 小学语文教育与信息技术的融合 ·········· 169

第一节 小学语文教育与信息技术融合的现状 ·········· 169

第二节 小学语文教育与信息技术融合的策略 ·········· 186

结 语 ·········· 199

参考文献 ·········· 201

绪　论　相关理论概述

随着社会的不断发展，国家积极推进教育改革，素质教育逐渐成为当今时代教育改革的核心主题。所以，人们也越来越关注学生的思想水平、实践能力、创新精神、身心健康等方面，试图促进学生的全面发展。在这一形势下，语文教学也需要改革，以顺应时代发展的趋势，有效提升学生的语文综合素养。国家新一轮的课程改革，对我国的教学大纲进行了更改，形成了新的课程标准，对课程性质、教育目标、教学内容等方面提出了新的要求，这也成为我国开展教育活动的纲领性文件，为语文教学活动的开展注入了新的活力。因此，为了能够适应新课程改革的需求，小学语文研究人员需要不断对教学的情况进行分析，发现其中的问题，进而制定教育教学策略，推动小学语文教学的发展。

第一节　新课标下小学语文教学的新要求与新发展

课程标准是国家对基础教育课程制定的基本规范和质量要求，也是国家课程教学需要遵循的纲领性文件。新课标调整了长期以来小学课程科目比重失衡的问题，以促进小学阶段课程类型的多样化发展。新课标进一步明确了语文这一学科的核心素养，并将小学语文课程的特质和整体结构明确展现了出来，强调小学阶段的语文教学是有活力的教学。新课标明确提出，要通过语文教学培养学生的爱国主义情感，促进学生个性和合作精神的发展；要让学生对丰富的中华文化有所认识，提升个人品位；要通过语文学习，促使学生对祖国的语言文字产生情感，进而提升其学习语文的自信心，激发个人的想象力和潜力；等等。总而言之，在新课标的指导下，小学语文教师应充分调动学生的主动性，促进学生综合能力的培养。

第二节　小学语文教学策略

从新课标的要求出发开展小学语文教学，需要注意以下四个方向。

一、提升学生的主动性，提升学生的语文素养

小学阶段的语文教学需要面向全体学生，在进行语文教学的过程中，要充分发挥学生的主动性，进而有效提升小学生的语文素养。在教学过程中，教师要积极对学生进行引导，帮助学生进行语文知识的积累，进而逐渐掌握学习语文的方法，使其能够更加主动地进行自主学习。语文教学还要充分发挥语文的熏陶和感染作用，帮助学生形成健全的人格，在提升学生语文素养的同时，促进学生德智体美劳全面发展。

二、突出学生的个性，开展特色语文教学

语文课程蕴含着极其丰富的人文内涵，因此，在语文教学过程中，会给学生个人的精神带来非常深刻的影响，所以在进行小学语文教学时，教师应当充分认识到语文的熏陶感染作用，在教学过程中要尊重学生的个性化发展。语文也是一门实践性比较强的课程，教师在教学过程中需要积极培养学生的语文实践能力。生活中的很多内容与语文密切相关，所以教师要积极鼓励学生从生活中感悟语文，同时掌握学习语文的规律。

三、开展自主、合作式的语文教学

在小学语文教学过程中，学生是学习主体，所以教师在开展语文课程教学时需要尊重学生的身心发展规律，满足学生的学习需求。在教学过程中，教师需要充分发挥引导作用，激发学生的求知欲和好奇心，让学生能够积极主动地参与语文学习，倡导学生进行自主学习、合作学习。语文作为一门综合性较强的科目，能够有效激发学生个人的求知欲，全面提升学生的文化素养。

四、提升语文教学的活力

新课标下的小学语文教学，不仅需要对语文教育中的优秀传统文化进行有效继承，而且要保证小学语文教学面向现代化、面向未来。在开展语文教学的过程中，需要不断拓展语文教学的内容，加强语文教学和其他科目之间的融合。同时，还要积极利用多种技术手段进行教学，开阔学生的视野，提升语文教学效果。语文本身就是一门具有较强活力的科目，因此在教学过程中，教师需要积极对学生进行引导，让学生关注生活，加强生活与语文的联系，从而有效提升语文教学效果。

上篇 新课标下小学语文教学中的教学策略

　　为了了解语文教学中的识字教学、阅读教学、写作教学、口语交际教学的实际情况，笔者选择邯郸市 S 学校进行了全面的调查，为后文的教学现状分析起到良好的铺垫作用。S 学校是一所教育局直属学校，全校共有 77 个班级、240 名教职工，师生人数超过了 3000 人。该校作为当地的一所代表性学校，对其进行语文教学现状研究具有重要的现实意义。

　　调查目的：

　　通过对该校的小学语文教学情况进行调查，能够对小学语文教学当中的识字教学、阅读教学、写作教学、口语交际教学等方面的教学现状有所了解，进而找出其中存在的问题，进行原因总结。就问题提出针对性的改进意见和措施，促进学校语文教学的创新发展。

　　调查对象：

　　在本次调查研究当中，调查对象包括一年级到六年级的教师和学生，因为师生数量较多，所以只选择了部分人员进行调查。低年级的学生因为心智尚不成熟，所以在对低年级教学情况进行调查时主要使用了教师访谈的方式；对于中高年级的学生，则使用了调查问卷的方式进行调查，对于教师，则就教学问题进行了访谈。

第一章　小学语文识字教学

我国的语言和文字蕴藏着很多的内在规律，识字不仅是小学阶段的重要教学内容，而且是小学语文教学当中的重点和难点，一直以来都受到教育界的极大关注。为了有效提升小学语文识字教学的效果，很多教育工作者付出了极大的努力。但是，当前小学语文识字教学当中依然存在很多问题。因此，有必要对小学识字教学的现状进行调查，找到其中存在的问题并进行原因分析，从多个角度出发，厘清小学语文识字教学的处境，对现存问题提出针对性的解决措施，积极有效地对小学生进行指导，从而提升小学生个人的语文素养。

第一节　当前小学语文识字教学现状、存在问题及其产生原因

在小学语文识字教学过程中,语文教材是保证识字教学活动开展的重要依据。因此，在教学时对语文教材的整体结构和内容进行分析非常必要。以统编版小学语文教材为例，低年级的语文教材大概分为识字、汉语拼音和课文三个部分，高年级的教材主要是按照不同的单元进行编排。在研究小学语文识字教学时，不仅需要从教师和学生的角度对识字教学过程中的问题进行研究，而且要对语文教材本身的设计进行一定的思考和分析。

一、小学语文教材当中的识字设计情况——以统编版小学语文教材为例

在本次研究中，主要对一年级与二年级语文教材中的识字内容进行统计。会认的字的数量，一年级上册为 300 个，一年级下册为 400 个，二年级上、下册分别为 450 个。会写的字的数量，一年级上册为 100 个，一年级下册为 200 个，二年级的上、下册分别为 250 个。从这类数据我们可以发现，因为要进行汉语拼音的学习，所以一年级的教材对于学生识字写字的要求相对较低，在进入下学期之

后，要求学生会认和会写的字的数量开始逐渐增加，到了二年级之后会进入一个稳定的时期。

对一、二年级语文教材当中的识字内容进行调查分析后可以发现，识字设计以象形字、会意字、形声字为主。在进行识字教学时，主要是从汉字的字形特点出发进行教学，有的字则通过声旁或者形旁进行教学。随着年级的不断提升，教材中识字的内容逐渐减少，而逐渐增加了课后思考的习题，教学的内容更加倾向于学生对字词的运用与练笔。因为对汉字的学习不仅是为了识字写字，更重要的是运用，并且养成良好的阅读习惯，而这无疑对语文教师的教学能力提出了更高的要求。所以，语文教师在教学过程中需要对教材中的内容进行整理和加工，只有这样才能有效提升课堂教学效率。

二、小学语文识字教学当中存在的问题

通过调查并归纳总结后发现，目前小学语文识字教学当中存在的问题主要包括以下几个方面。

（一）学生的识字兴趣相对较低

通过实际的调查可以发现，在识字教学过程中很多学生缺乏较高的学习兴趣，尤其是在课堂教学时，对于教师的提问不能及时进行回应，整体气氛不够活跃。当然，教师在进行识字教学时，也将关注点放在了学生是否学会汉字上，而忽视了学生在学习过程中是否能够积极地进行学习或是否对识字感兴趣，使学生在学习的过程中一直处于被动状态，不能积极主动地参与学习，进而导致学生逐渐降低了学习兴趣，甚至对识字学习产生厌烦心理。如果这样的情况得不到有效的改善，学生将逐渐丧失对汉字的想象力，甚至不愿意再进行汉字的学习。游戏教学法、情境教学法、多媒体教学法等学生比较感兴趣的教学方式都没有应用到识字教学当中，教师在进行识字教学的过程中无法充分调动学生的感官，导致教学活动不能充分吸引学生的注意力。

（二）识字教学的方法比较传统单一

通过问卷调查和访谈发现，在小学低年级识字教学中最常用的方法便是随文

识字、组词识字等，通过使用顺口溜或者儿歌这些方式进行识字教学的情况相对较少。然而一、二年级的学生年龄较小，无法长时间集中注意力，所以在进行识字学习时很容易产生疲劳感，进而在学习的过程中出现注意力分散、开小差等情况。使用随文识字、组词识字等方法只是将识字教学停留在表面，无法对字形进行深入分辨，导致整个识字教学对学生个人的影响较小，甚至不会对学生的思维产生影响，更无法提升学生识字的能力。

（三）教师教学理念落后，可用资源有限

对教学资源进行合理利用，能够帮助语文教师高效地进行识字教学的设计。因此，为了能够更好地对教学活动进行设计，教师在备课时不能将参考内容局限于语文教材本身，可以从课外图书或者网络当中寻找资源作为备课参考。但是，通过问卷调查和访谈发现，很多语文教师在备课过程中并没有通过其他方式寻找资源，与其他教师的交流也相对较少。再加上语文教师始终奋斗在教学一线，对于相关学者研究的新理论无法及时学习与贯彻，这就导致教学活动受到一定的影响。在访谈过程中，很多语文教师表示自己现在的备课存在明显的滞后性，并且在备课时不擅长对各种教学资源进行合理的搜集与运用，所以无法将语文教材与其他资源充分结合起来。这些都不利于教学效果的提升。

（四）忽视了学生的主体性地位

通过实际的调查可以发现，很多语文教师在教学过程中无法通过动作、神情对学生进行引导，而且要求学生严格把控自己的身体。教师与学生的互动频率较低，基本上只有简单的语言互动。这种限制自身和学生身体动作的习惯将在一定程度上影响教师与学生的互动与交流，也无法体现出学生的主体性地位。因此在教学时，教师要充分认识到学生的主体性地位，把课堂还给学生，促使学生积极主动地学习。

三、小学语文识字教学当中问题的原因分析

（一）教师方面的原因

通过对语文教师实际课堂教学的调查发现，教学方法单一是教师方面的原因

之一。很多语文教师在进行识字教学时，还在使用传统的方式，这种单一的传统教学方式不仅枯燥，而且无法有效激发学生的学习兴趣。在教学过程中，教师没有根据汉字的特点对学生进行教学，使整个课堂的教学氛围相对比较沉闷，导致教学效率较低。在实际的调查当中我们还发现，教师更注重对课文含义的讲解，对陌生字词的讲解相对较少，甚至有的语文教师为了保证教学任务的完成，在课堂上不再进行识字教学，而是让学生利用课余时间对陌生的字词进行抄写和记忆。即使在学习过程中或检查作业时发现了学生的错误，也只是让学生对错误的字词进行重复练习，或者在课后让学生进行多次抄写，而没有在教学过程中帮助学生思考如何掌握对陌生字词的记忆。因为没有引导学生了解陌生字词的根源，所以导致学生并没有从根本上掌握这些陌生的字词。

除了教师在教学过程中存在的问题之外，教师个人语言文字功底较差，也是影响小学语文识字教学的主要原因之一。要想保证语文教师在识字教学的过程中取得良好的教学效果，不仅教师要会教，而且需要保证教师具有深厚的语言文字功底，在教学过程中有"料"可教。因为汉字并不是简单的符号，每一个汉字既具有一定的音义，同时还承载着深刻的内涵，因此在进行识字教学时，教师要帮助学生了解不同汉字承载的文化信息和内在含义，从根本上对汉字进行了解，增加学生对汉字学习的兴趣，进而逐渐降低学生读错写错汉字的概率。通过调查了解我们发现，小学语文教师虽然具有良好的语文素养，但是他们对语言文字方面的知识掌握得还不够深入，尤其是随着教学任务越来越繁重，教师没有充足的时间和精力对文字进行钻研，导致其在进行识字教学时不能对汉字进行深入的讲解。

（二）学生方面的原因

因为小学生的年龄相对较小，对于知识的认识和理解比较浅显，所以在教学过程中很容易受到自己所学知识的影响。比如已经掌握的旧知识会影响到小学生对新知识的学习与掌握，而新学的知识又会对原来掌握的旧知识产生一定的影响。新知识和旧知识越相近，彼此之间的干扰和影响也就越明显。比如聚拢的"拢"和困扰的"扰"非常相似，在对这两个字进行学习时，就很容易造成彼此干扰。

当学生使用某一个字的频率相对较高时，写错字的频率也会较高。例如，"化妆"与"画妆"，两个"huà"是同音，所以小学生很容易混淆，进而无法对两者进行有效区分，在写作业或者考试时就会出现错别字。因此，教师在教学时需要对这种情况进行考虑，进而合理安排教学内容，防止新旧知识的混淆对最终的学习效果造成不良影响。

小学生个人的感知能力相对较差，所以在进行汉字学习时经常会出现误解。他们对于事物的感知大多停留在表面，无法对事物的内容进行精细的划分和理解，所以在进行汉字学习时，经常会遗漏一些细节。他们更愿意对字形进行整体感知，而很容易忽略汉字的形体结构与其他比较细微的变化，导致出现形近错误、笔画错误（包括笔画增加或者笔画减少）、部件错误等。

这就需要及时采取相应的学习策略。学习策略主要是指学生在学习过程中采取的对策和计划。采取不同的学习策略，会对学习效果产生不同的影响。学生选择的学习策略与自身的个性特征具有很大的关系。学习目标不同，在学习过程中选择的学习策略也存在一定差异。如果学生只是为了提升自身的学业成绩，就可以在学习过程中采取最简单有效的识记策略；如果学生是为了提升个人的能力，则可以在学习的过程中采取更加灵活多样的学习策略。在选择学习策略时，首先要对学生个人的学习态度进行分析，因为学习态度将会对学生在学习时是否出现错别字产生非常直接的影响。如果学生对汉字的兴趣相对较高，同时又热爱汉字，那么他们在学习的过程中就会表现出积极的态度；如果他们是用无所谓的态度进行学习，那么出现错别字的概率则会相对较高。学生需要养成良好的学习习惯，因为小学阶段的学生自制力相对较差，同时又缺乏坚定的意志力，所以在写字时如果遇到不会的字词便会试图糊弄过去。这些学生在学习的过程中只关注学习速度而不在乎是否准确，对学习缺乏深度思考，最终也会对识字情况造成影响。通过进行随机调查我们发现，很多小学生在学习的过程中会主动回避难度较大的字词，比如学生在写作文时，如果遇到了容易出错的字词，则会采取一种折中的方式来避免使用难词，这就导致学生不仅无法准确掌握汉字，而且有可能会因此出现更大的错误。

（三）汉字本身的原因

对于笔画相对较多的汉字，因其整体结构比较复杂，导致小学生在识字时很容易出现笔画错误和结构混乱的情况，比如"翩""骤""繁"等字。由于小学生个人的学习经验相对匮乏，因此在面对较复杂的汉字时很容易出现书写错误。尤其是一些汉字的形体结构比较相似，更是会让小学生在使用时产生混乱。另外，很多汉字的偏旁部首非常相似，同样会让小学生出现错误。我国目前汉字的总数已经超过了 80000 个，但汉字的偏旁部首却是有限的，这就造成很多汉字非常相似，比如"籍"和"藉"、"壁"和"璧"等，要让学生对每一个汉字都分辨清楚，就需要花费较多的时间与精力，然而小学生学习汉字的时间相对较短，所以他们很容易在记忆这些汉字时混淆，进而出现读错写错汉字的情况。同时语境的影响也会导致学生出现错别字的情况，比如在日常的运用当中，有的学生会将"悲痛"写成"悲病"。有时候学生出现错别字是由于很多词语的部首是相同的，比如叮咛、朦胧、仿佛、挖掘、疼痛等，这些词语不仅偏旁相同，而且字义又非常相似。所以，小学生在写这些词语的过程中如果受到语境影响，就有可能会出现错误。

（四）社会环境方面的原因

小学生也是处于一定社会环境中的，他们个人的学习和成长都会受到他人的影响，而且个人的发展也是在与他人作用的情况下进行的。首先，小学生的识字会受到家人和伙伴的影响，如果父母和朋友经常写错别字，那么学生受他们影响，写错别字的概率就会增高。同时，宣传广告和社会当中的用词不准确或别字等情况，也会导致小学生受到影响。总而言之，在社会中存在比较普遍的用字不规范等情况，再加上小学生的好奇心和模仿心理较强，当他们长期生活在用字不规范的环境中时会逐渐丧失判断汉字正确与否的能力，进而出现写错别字的情况。

第二节　新课标下小学语文识字教学策略

在小学生这个群体当中写错别字的现象非常普遍，因此在教学过程中需要充分认识到这一问题的严重性，并且要着力提升小学生的汉字素养。在小学语文识字教学过程中，学生是主体，因此制定识字教学策略时需要从学生的主体地位出发，教师则需要在这一过程中发挥引导作用，不仅自己要储备丰富的文字知识，而且要对教材中的内容进行有效整合，灵活使用不同的教学方法，有效提升识字教学的质量。当然在进行识字教学的过程中，需要遵循汉字本身的规律来对教学内容进行科学安排，遵循循序渐进的原则，让学生对汉字有一个由浅到深的了解。此外，为了有效提升识字教学的效果，还需要对学生进行引导，激发学生的学习兴趣。总之，针对小学生开展识字教学是一项长期的教学活动，所以在教学过程中需要对识字教学进行全面、充分的思考，探究科学有效的教学策略，进而稳步提升识字教学的教学质量。

一、从不同角度出发进行识字教学

（一）从颜色的角度出发进行教学

颜色本身就隐藏着非常重要的信息，会对人们的感知与情绪产生影响。相关学者通过实验也进一步证明了颜色具有隐喻作用，比如人们在红纸上解决问题时，心态会比较积极，在蓝纸上解决问题时则会比较消极。同时，颜色还具有非常抽象的含义与概念，比如红色在中国就有特殊的隐喻含义，在过年或过节时，中国人会使用红色的物品，因为红色代表喜庆，能够体现出人们愉悦的心情；绿色代表生机与活力，通常用来表现植物和大自然。在进行识字教学时，教师可以举办以绿色植物为主题的知识竞赛或者班会，让学生自己总结一些和绿色相关的字词，然后在活动当中进行展示。除了红色和绿色之外，其他的颜色也具有不同的含义，通过利用颜色的隐喻含义进行教学，充分调动学生的学习兴趣，能够让学生更加主动地进行汉字学习。

（二）从形状的角度出发进行教学

在进行识字教学的过程中，教师还可以从形状的角度出发对学生进行教学，这也表明知觉符号能够在一定程度上帮助人们对汉字进行认识和理解。比如，在学习"鸟"字的时候，可以先引导学生观看一些鸟的图片，了解鸟的一些基本信息，让学生对鸟的基本情况有所认知。在此基础之上引导学生对鸟的特征进行总结，鼓励学生开动脑筋，提取鸟类的特征，帮助学生更好地学习。在进行"车"字的学习时也可以使用这一方法，教师首先可以带领学生对车的外观进行感知，通过视觉刺激提升学生对车的注意力，然后让学生对不同车的功能、行驶状态等信息进行了解，让学生加深对这些内容的记忆，之后再进行"车"字的教学，让学生在写这个字的时候可以联想到车的特征及其他的一些情况。总而言之，教师在进行识字教学时，可以充分调动学生大脑当中对一些事物的知觉信息来帮助学生进行汉字的学习。

（三）从空间的角度出发进行教学

在人类的认知当中，最原始的概念便是空间概念，然后才是抽象概念。笔者认为，抽象概念是建立在人们身体之上的一种概念。和空间概念相关的字包括"上""下""左""右""前""后"等，"上次"和"下次"可以用来表示时间。当人们要学习一些抽象概念时，就可以利用空间概念来辅助，如"左"和"右"属于水平空间，当人们用"左"来表示一些事时，代表这些事是消极的；当"右"和一些事情联系在一起时，说明这些词语代表的内容是积极的。比如"左迁"和"右迁"就分别代表着贬谪和升官。只是随着时代的发展，当代人已经很少使用这些词语来进行表达了。语文教师可以利用空间隐喻的方式进行字词教学，为学生创设相应的教学环境，帮助学生加深对不同字词和句子的了解，进而对生活当中的一些抽象概念进行学习。

（四）从情绪的角度进行识字教学

在不同的情绪语境当中，相同的语言会产生不同的效果。人们的情绪具有一定的具身性，所以当人们遇到危险的时候就会下意识地做出躲避的动作。情绪作为抽象概念，没有具体的外部形象，所以不能通过感官来对其进行外在感知。比如在进行"忍"字的教学的时候，无法通过外在感知的方式让学生理解，但是可以从"忍"字的结构出发进行教学，教师可以说"忍"字就是心上一把刀，想象一下将刀子插在心上的感觉，这样的疼痛是人们无法忍受的，这样一来就能够帮助学生更好地学习和理解"忍"字。另外，像喜上眉梢、喜出望外、火冒三丈等表达情绪的词语，教师都可以从情绪的角度进行联想和讲解，并对学生加以引导，帮助学生加深对这些字词的理解。

二、合理进行识字教学目标的设计

（一）注重识字教学的人文性

从目前的小学语文识字教学来看，识字教学大多以认识课文当中的一些陌生字词为主要目标，在学生掌握了这些陌生字词的读音之后，教师会进一步对学生进行指导，帮助学生对这些字词进行书写练习，进而让学生能够正确书写。这种机械化的识字方式脱离了汉字本身具有的人文性特征，将汉字的学习当成了一种模式化学习，忽略了汉字本身具有的内涵与特征。这种方式不仅不能有效提升学生个人的核心素养，而且会让识字的效果大打折扣。因此，在识字教学过程中，语文教师需要对教学内容进行深入研究，从多方面出发，树立正确的教学目标，有效提升学生个人的情感体验，对学生进行积极正面的引导。在进行识字教学时，教师要提升汉字教学的人文性，让学生认识到学习汉字的价值，进而不断丰富学生的知识与见识，达到识字教学中的人文性目的。

（二）从字形和内蕴出发进行教学

中国的汉字不仅是字，它们本身还具有一定的内在含义。中国的象形文字和古埃及的文字并不相同，汉字在传承的过程中，虽然有些字已经消失，但总体上呈现出一脉相承的局面。随着历史的不断发展，汉字也从象形文字转变为现在的语素文字，但是我们依然可以从汉字当中发现它本身具有的形体美。所以，在进行识字教学的过程中，教师可以从字形出发，让学生感受汉字本身具有的形体美，即使用简单的线条也可以表现出各种变化无穷的组合。当学生对汉字的出现背景和发展历程有了基本的了解之后，就会对汉字产生更加浓厚的兴趣，进而更加积极主动地参与汉字的学习。

以"东"字为例。"东"是方向，在中国的传统文化中，最能代表"东"这一方向的便是太阳升起的方向。从"东"的繁体字"東"来看更容易理解，"東"字由"日"和"木"共同组成，代表着太阳升到了树木的枝头之上。现代的"东"是由草书的书写方式转化而来的，我们仍然能够发现"东"和"東"之间的相似之处。从这一角度对学生进行教学，不仅有理有据，而且能够充分调动学生的学习积极性。

（三）引导学生体会读音音韵

汉字的读音由声母、韵母和声调三个部分组成，声调又包括阴平、阳平、上声和去声，将这些内容分别组合在一起，就能够出现各种不同的读音。比如在读一些开口较大的韵母时，整体声音就会非常洪亮，比如"啊""啦"等；而读那些开口较小的韵母时，说出来的声音就会比较轻柔，比如"微""轻"等。另外，一个人的心境也可以通过声音来进行表达，比如人们在读"美"这个字时，为了能够将"美"的声音更好地表达出来，嘴角会微微向上，所以此时人们的面部表情也会呈现出美的感觉。

在进行识字教学时，教师首先可以进行读音教学，通过读音来吸引学生的注意力，尤其是合理利用不同声调的变化，让学生能够学会举一反三。有时甚至可以利用地方语言来与普通话进行对比，充分调动学生的学习积极性。例如，河南方言会将阴平音读成阳平音，比如"中"在读的时候就成了"zhóng"，而东北方言则有所不同，东北方言在读的时候习惯将阴平的声调降低。在进行识字教学时，通过让学生了解不同地方的方言特点，不仅能够有效调动学生的积极性，而且能够让学生对语言产生亲切感，使其在说普通话时更加注重与方言之间的区别。

（四）保证写字的规范性

在进行识字教学的过程中，教师需要做到识字与写字的相互结合，引导学生进行规范书写，从审美的角度引导学生掌握写字技能。首先，教师在教学过程中可以向学生传授一些与中国书法艺术相关的内容，让学生对我国的书法有一个基本的了解；其次，教师按照汉字的种类划分，选择一些形态饱满的汉字，让学生感受汉字的笔画之美，了解汉字的整体结构和排布规律，让学生在枯燥的识字过程中认识到汉字书写的价值，从而提升个人的学习意愿。在引导学生进行汉字书写的过程中，教师要保证学生能够规范地进行书写，遵循汉字书写的基本规律。在进行书写练习时，教师可以先让学生练习偏旁部首或者独体字，然后再进行合体字的书写，在这样的练习过程中可以规范学生的书写方式，并且让学生认识到中国汉字的整体结构。在进行汉字书写的过程中不仅要让学生保证每个字美观，而且要让所有的字整体看起来具有美感。

比如在学习"地"字时，首先可以进行"土"字和"也"字的练习，然后进行提土旁的练习，之后再借助一些图片让学生对"地"字的整体架构和书写特点进行了解。同时，在写字的过程中还要保证左窄右宽等。在掌握了书写的基本规律之后，就可以更加规范地进行练习和书写。再如"明"字，可以先让学生讨论如何进行"明"字的书写，然后教师再进行指导，"明"字在古代时左边并不是"日"，而是"囧"，随着时代的发展及简化才形成如今的样子。同时，还要提醒学生在书写的过程中注意左、右两边的结构，保证两者的间距。

三、识字教学内容的设计

（一）对字词的文化底蕴进行深入挖掘

汉字是中国文化的重要载体，已经有数千年的历史，同时在发展的过程中不断丰富，具有极高的文化内涵。所以，在进行识字教学时，教师不仅要进行汉字本身的教学，而且要将汉字具有的文化内涵传达给学生，让学生感受到汉字的魅力。在进行识字教学时，需要将汉字的音韵、形韵传授给学生，让学生感受汉字具有的审美特征，加深对汉字的认识与理解，从而奠定良好的文化基础。

在进行识字教学时，为了能够取得更好的教学效果，教师可以优先进行具有代表性的汉字教学。首先对汉字的演变过程进行展示，然后对不同时期的汉字进行简单的介绍，让学生对中国的历史和文化有一定的了解，同时培养学生的文化认同感。比如早期的甲骨文，主要是指刻在龟甲或者兽骨上的文字，这些文字出现在商周时期，是目前为止最早出现的汉字，而且我们从甲骨文中可以发现这些汉字是明显的象形字。然后就是商周时期的金文，金文主要是指刻在青铜器上面的文字，战国、两汉和魏晋时期流行的汉字分别是小篆、隶书和楷书，在当今社会，楷书一直被使用，并且具有主导地位。所以，语文教师需要根据教学内容与实际的教学情况，灵活地选择识字教学内容，要充分吸引学生的注意力，提升学生的语文核心素养。这种教学方式所取得的实际教学效果是传统教学方法无法实现的。

（二）加强现实生活与识字教学的联系

教师在进行识字教学时，有必要对教材的内容进行深入研究，并且将其与学生的生活紧密联系在一起。比如在课堂上可以营造一个良好的教学氛围，同时积极组织与学生生活相关的活动，让学生能够自主地进行学习与探究，展现学生的主观能动性，从而对学生的自主研究能力进行锻炼，有效提升学生的核心素养。最重要的是，对汉字的教学不应将教学内容局限于课本本身，还需要从生活当中不断进行相关内容的挖掘。当今学生的生活越来越丰富，不仅在学校可以参加一些丰富的实践活动，在校外也有非常充实的娱乐活动，而且在各种实践活动中，学生都可以自由地学习。因此，教师要在教学的过程中帮助学生养成良好的识字习惯，促使其积极主动地对汉字进行认识和学习，并且对陌生的字词进行记录，然后与同学分享或者自主学习。对于课堂教学中的汉字，教师在教学过程中可以列举一些相似的汉字进行拓展，扩充学生汉字的储量。另外，还可以对汉字的整体结构和音韵进行进一步讲解。

为了帮助小学生打好语文基础，教师在教学过程中需要充分利用各种技术，比如多媒体技术等，对字词进行检索，帮助学生加深对这些内容的了解。除了进行教材的教学之外，教师还要引导学生积极进行课外阅读，在课外阅读的过程中对所学知识进行巩固，同时进一步进行拓展。

四、多媒体识字教学设计

（一）利用多媒体进行文字动态演示

中国的汉字历经数千年的发展，逐渐从原始的象形文字发展到如今的文字。在进行识字教学时，教师不仅要让学生对汉字本身进行学习，而且教师可以对汉字的整个演变过程进行展示，让学生了解某些汉字的演变逻辑，进而加深对这些汉字的理解。对于小学阶段的学生来说，从视觉角度出发对他们进行教学能够产生更好的效果。因此，教师在教学过程中可以将晦涩的汉字转变为图片，改变学生对识字教学的刻板印象，帮助他们以更加轻松的心态去学习，最终激发个人的学习兴趣。

比如，在进行"大""小"这两个字的教学时，教师首先可以通过动画的方式向学生展示这两个字的发展和演变过程，并且解释"大"字本身所具有的含义，再通过与"大"相关的一些词语来加深学生的理解。又如，在进行"瀑"字的教学时，教师可以播放一些瀑布飞流直下的动态图片或者视频，让学生能够直观地感受到"瀑"字本身的力量，这时教师再进行"瀑"字的结构、来源、发展等内容的讲解，加深学生对这个汉字的理解。

（二）营造良好的识字教学环境和氛围

随着信息技术的不断发展，当代教育教学活动中的教学模式也发生了极大的改变，尤其是伴随各种信息技术的应用，学生的主体性得到了进一步的体现。因此，在进行识字教学时，教师可以充分利用多种技术手段，在课堂中营造良好的学习氛围，引导学生加入识字课堂并进行深入学习。在学习氛围和学习环境的引导下，学生就能够更加深入地参与学习过程，充分感受汉字的伟大。比如进行"梅""兰""竹""菊"四个字的教学时，可以在课堂播放相关的图片，也可以在教室内悬挂一些相关的照片，营造一个良好的自然景象氛围。教师在教学过程中要积极地对学生进行引导并讲解，让学生产生一种身临其境的感受，帮助学生直观地感受汉字的魅力。这种与实物配合讲解的方式能够充分吸引学生，调动学生的学习兴趣和积极性。比如在进行"睡"字教学时，可以利用多媒体技术展示一个睡觉的场景，营造一种睡觉的氛围，让学生通过真实的体验和感受对"睡"字进行思考。情境教学能够让学生对这些字词产生非常直接且亲近的感受，能够让他们认识到汉字与自己的生活密切关系，进一步感受汉字的魅力，提升个人对中国文化的自信心。由此可见，教师在进行汉字教学时可以通过多媒体技术营造良好的识字教学氛围，尽可能为学生提供生动有趣的教学内容，从而产生良好的教学效果。

五、具体教学方法的设计

（一）促进字理识字与传统文化的融合

字理识字主要是根据汉字的构造原理，对汉字进行分析与学习，这一方法更加注重从字的音、形、义的角度出发进行汉字学习。在进行识字教学时，教师可以从汉字本身出发挖掘汉字应有的表意功能，因为和其他的方式相比，这种方式能够更加科学有效地帮助学生认识汉字，进而感受汉字本身蕴含的内在文化，推进中国传统文化的发展与传承。从字理的角度对汉字进行分析，能够帮助学生了解汉字的来源，将抽象的文字转变为具象的图像，可以进一步提升学生的记忆效果。但是，如今很多汉字已经无法将汉字的象形意思充分展现出来，尤其是简体字。比如，进行"陌"字讲解时，我们可以从字理角度出发进行分析，进而了解这个字是形声字，这就需要借助篆书来进行深入理解和认识。比如"陌"的双耳旁就来自"阜"，篆书当中的"阜"看起来就像阶梯一样，实际上就是山丘的意思。可见，教师在进行识字教学时要巧妙地利用字理进行识字教学，帮助学生学会触类旁通、举一反三。这种识字方法还能够激发学生不断探索的好奇心，进而逐渐脱离死记硬背的局限性，有效提升自身的语文核心素养。

（二）进行汉字分类教学

对汉字进行归类，然后根据汉字的构造规律进行教学，这也是进行识字教学的一种有效方式。因此，在进行识字教学之前，教师可以根据教材当中的教学内容对课文中的陌生字词进行梳理和归类，从学习难度、字形、结构、读音、书写规则等不同的角度对这些字词进行划分，然后再进行教学，以帮助学生更好地掌握学习内容。这样的教学方式不仅能够帮助学生掌握汉字的构造规律，同时还能够有效提升识字教学的学习效率和教学质量。在进行识字教学的过程中，按照一定的规律对汉字进行梳理，可以进一步加深学生对汉字的认识，将学生的心理特征和认知规律相互融合，有效提升实际的教学效率。这样一来，即使面对大量的汉字学习任务，也可以有效减轻学生的学习负担，充分发挥学生的主体性。

在进行识字教学时，教师可以利用说文解字或者汉字树的方式，按照偏旁部首对汉字进行归类，将汉字的体系更加明显地展现出来，让学生对不同汉字的联系有所了解。比如，单人旁和双人旁在书写上非常相似，如果使用传统的教学方法进行教学，学生只能进行机械化的记忆，在不了解彼此的含义时，很容易将两者混淆。但是，如果利用汉字树的思路进行教学，则可以将单人旁和双人旁进行有效区分，引导学生进一步发散思维，帮助学生掌握更多相关的字。教师在进行单人旁与双人旁的讲解时，可以先介绍两者的含义与区别，比如单人旁与人相关，单人旁组成的汉字包括"你""他"等,所以单人旁组成的汉字大多和人相关,像"健康"的"健"、"优秀"的"优"等。而双人旁看起来像一根拐杖,所以由双人旁组成的汉字大多和行走有关系,比如"行走"的"行"、"迁徙"的"徙"等。从这一角度出发进行汉字的讲解和教学,学生不仅对汉字有更深入的理解,而且能准确掌握汉字的内在含义。

（三）组织多样化的识字活动

在进行汉字讲解的过程中,除了可以进行理论教学之外,也可以积极开展形式不同的活动,丰富课堂教学形式,为学生带来更好的体验。这样不仅可以锻炼学生的想象力,还能够促进学生思维方式的发展,使学生乐于进行更加深入的学习。语文教师的教学不能只将目光停留在教材本身,还要引领学生走出教材,进行更加深入的学习,防止教学内容流于形式。教师在对教学内容进行深入研究之后,还需要采取丰富的教学方式对教学内容进行讲解,充分调动学生的积极性,帮助学生有效掌握汉字,同时提升学生个人的文化素养。

首先,可以通过表演的方式进行汉字教学。在《坐井观天》这一课文的教学过程中,教师要鼓励学生走出课堂和教材,让学生扮演小鸟和青蛙并进行对话,对课文内容进行体验和感受。其次,可以通过联想的方式进行教学。比如在进行古诗词的教学时,可以通过配图、配乐等方式引导学生进行联想,想象古诗词创造的语境之美,在无形中提升学生的审美能力,促进学生的全面发展。再次,可以通过讲故事的方式进行汉字教学。比如进行"亲戚"的"戚"字教学时,就可以利用故事来激发学生的学习兴趣。相传李鸿章有一个远房亲戚,没有多少学问就去参加考试,甚至想利用李鸿章的权力来为自己换得利益,所以在试卷上明确写道"我是李大人的亲戚",但是这个人识字有限,误将"亲戚"二字写成了"亲妻",阅卷人在阅卷之后便回复"不敢娶（取）"。最终,李鸿章的远房亲戚在看了之后瞬间感觉非常羞愧。通过这一故事,教师能够向学生展现音同形不同的汉字文化,也能够有效提升学生个人对字形的辨别能力。最后,可以通过游戏的方式进行识字教学,做游戏主要是让学生在游戏的过程中对汉字进行体会。比如教师在进行了某些汉字的教学之后,可以组织绘画比赛,让学生画出这些字从甲骨文到楷体的演变过程。这样不仅能够加深学生对汉字变化过程的了解，同时还能促使学生更加深入地对这些汉字进行理解。

以上都是教师在进行识字教学时可以使用的方法，这些方法与传统的教学方法形成了鲜明的对比，既能够调动学生的积极性，也能促进教师与学生的相互交流。在提升识字教学效果的同时，还能够让学生感受汉字的博大精深，最终有效提升学生个人的语文素养。

六、识字教学评价设计

（一）提升学生核心素养，促进学生全面发展

在进行识字教学的过程中，语文教师不仅要帮助学生提升识字写字能力，而且需要通过识字教学促进学生核心素养的养成。要让学生通过学习提升自我辨别能力，对个人的优缺点有一个全面认知，并且能够从自身实际情况出发，掌握促进个人发展的有效方式和方法，不断进步。因此，针对学生个人的识字学习情况，教师也需要全面地进行评价，只关注学生对汉字的掌握情况显然不够，还需要对学生的学习方式、思维方式、学习态度、情感体验等内容进行评价。对小学生来说，他们缺乏较强的独立思考能力，不能对自己进行正确的判断，所以教师需要发挥自身的主导作用，引导学生对自己的学习过程和学习结果进行分析，考察与个人核心素养相关的各项能力的发展情况。

（二）发挥学生的主体作用，使用不同标准进行评价和判断

在对识字教学情况进行评价时，需要以学生为主体，积极关注学生识字学习的过程和最终结果。在这个过程中，教师需要充分考虑到不同学生的差异，因为不同学生个体的学习能力并不相同，对于相同知识的掌握速度、掌握情况也会有所差异，所以在对识字教学进行评价时，首先需要保证教师对每一名学生都有充分的了解，只有这样才能针对学生的具体情况进行整体评价，并且从实际情况出发对学生进一步的学习提供有效指导，最终促进学生个人的全面发展。

教师在对学生进行评价时，还要将评价应有的鼓励作用充分展示出来。教师可以针对学生某一阶段的学习情况进行评价，并对学生进行鼓励。比如教师可以明确表示："班级里的某位同学在去年的语文课堂上很难集中自身注意力，所以

在进行陌生字词的学习时，学习效果并不理想，在进行简单的汉字书写时也无法做到规范和标准。但是，在今天，我们可以明显地发现这位同学在汉字的书写和阅读方面已经取得了很大的进步。所以说，进行陌生汉字的学习并不难，只要你们努力，每个人都可以克服困难，取得很好的学习效果。"在此基础之上，教师可以进一步让每一名学生发现自己在学习过程中遇到的困难，并且让学生相互交流与讨论，目的之一在于让学生通过相互讨论交流学习经验，目的之二则在于对那些无法解决的困难进行总结，教师也要在教学当中做到因材施教，尽可能地帮助每一名学生解决所遇到的难题，促进学生进步。

第二章　小学语文阅读教学

在小学语文教学中，阅读教学是非常重要的部分，也是教师在教学过程中向学生进行经典文化传承，帮助学生树立正确"三观"的重要方式。另外，阅读教学也是语文教学中的重要环节，而且阅读教学在语文教学中所占的比例非常高，所以需要教师在开展阅读教学时花更多的时间与精力。但是从目前来看，小学语文教学过程中阅读教学的开展情况并不令人乐观，而新课标要求语文教学能够培养出全面发展的人才。所以，在当前环境下如何进行语文教学改革、提升语文阅读教学的实际效果，是小学教育阶段需要解决的重要问题之一。

第一节　当前小学语文阅读教学现状、存在问题及其产生原因

为了能够准确了解小学语文阅读的基本情况，有必要深入小学中进行实际调查，全面了解当前小学语文阅读教学的情况，发现小学语文阅读教学当中存在的问题，并且进行分析，从而为制定解决措施提供依据。

一、当前小学阅读教学的现状与问题

作为语文教学当中的一个重要组成部分，小学语文阅读教学的效果对学生个人语言逻辑能力和情感表达能力等方面具有重要的作用。通过调查发现，目前小学阶段的语文阅读教学存在以下几方面的问题。

（一）阅读教学目标与核心素养发展相互偏离

新课标明确提出，在进行阅读教学的过程中要积极培养学生的阅读兴趣，有效提升学生个人的感受能力、理解能力、欣赏能力和评价能力，有效拓展学生个人的思维。教师还需要在教学过程中为学生提供良好的方法指导，进行语言积累，引导学生在阅读的过程中对材料内容进行深度理解进而获得情感体验。

但在实际的阅读教学过程中，教师设置的教学目标常常过于泛化，尤其是对教师进行访谈时发现，从教师的部分备课内容可以看出，教师对于阅读内容的教学方式非常固定，很多时候只是要求学生能够认识课文中的陌生字词，理解课文中优美段落的内容，并准确流利地对课文内容进行朗读即可。从教师的备课内容可以发现，教师设置的目标非常低，而且内容也过于简单，对于小学生个人阅读能力的提升并没有太大的促进作用。通过语文教师设置的阅读教学目标可以发现，教师在教学过程中基本就是把教材中的内容传授给学生，并没有对教材内容进行更加深入的研究和挖掘，这就导致阅读教学对学生个人能力的提升作用并不明显。由此可以看出，教师设置的教学目标不到位，偏离新课标对综合性人才发展的要求。所以，教师在阅读教学的过程中如果一直坚持知识本位的观念，不将学生个人的发展放在优先考虑的位置，那么阅读教学对于学生综合素质的提升就会失去其应有的作用。

通过与教师访谈发现，部分语文教师在工作中无法独立设计教学目标，所以通常会选择直接照搬教案当中的教学目标，造成因没有充分考虑学生的实际情况而导致设计的教学目标与实际教学情况不相符的情况发生。还有部分教师设计的教学目标过于抽象，缺乏深度，失去了教学目标本身应有的作用。还有一些教师进行教学目标的设计仅仅是为了应付学校和上级的检查，所以内容比较随意，也无法保证实际的教学效果。

总体来说，小学语文阅读教学当中的教学目标过于表面，形式主义比较严重，尤其是通过调查发现，很多教师在实际的教学过程中没有付出足够的时间与精力对教学目标进行深入思考，导致在整个教学过程中缺乏目标和重点，使得小学语文阅读教学效果不明显。

（二）阅读教学内容存在局限

课程内容是语文教学中学生要学习的主要内容，所以语文教师对教学内容的选择和把握是语文教学过程中非常重要的一个环节。通过实际调查发现，大部分教师在教学过程中只是照搬教材中的内容，虽然新课标和现代教育理念一直倡导教师在教学过程中要具备发散的眼光和思维，但是很多语文教师依然保持自己传统的教学习惯和教学观念，无法在教学过程中以培养全面发展的现代化人才为目标进行教学。通过调查还发现，有 63.2% 的教师的教学内容与教材完全一致。这一数据充分说明，受应试教育和功利性因素的影响，很多教师在教学过程中对教材的依赖性较强。

培养学生的语文素养，简单来说就是要通过教育帮助学生掌握必要的语文知识，并且积累丰富的语言知识。在阅读教学过程中，最重要的就是通过阅读不断进行知识积累，然而在小学语文阅读教学中，只有 15.8% 的教师在教学过程中会进行课外阅读知识的拓展。要知道帮助学生丰富课外阅读知识量，仅仅通过课后作业的方式是远远不够的。语文课程标准明确规定，小学中年级学生的课外阅读量不能少于 40 万字。但是通过访谈发现，部分教师在教学过程中除了向学生布置课外阅读作业之外，还要求学生每天阅读半小时。而因作业和课外辅导需要占用大量的时间，再加上家长缺乏监督，学生大多无法完成课外阅读量。客观来讲，这一年龄段的学生本身对课外阅读比较感兴趣，所以教师不能把课外阅读当作学生的一种兴趣爱好，也不能认为课外阅读与教学无关，而把全部的精力都用在课堂教学上。由于课外的阅读资料非常丰富，如果教师不能对学生进行正确的指导，则很有可能导致学生无法养成良好的阅读习惯。虽然一些语文教师有时会为学生提供一些推荐书目，但是学生个人的自制力相对较差，通常只会对这些内容进行略读，能够取得的实际效果并不好。

小学语文阅读教学的内容应当是全面立体的，所以教师在实际的教学过程中不能简单地进行课本内容的传授，因为这样无法保证学生达到课程标准规定的阅读量，也会限制学生知识面的拓展和思维的发展，最终影响学生的成长与进步。

（三）阅读教学使用的教学方法单一

传统的阅读教学使用的教学方式大多是讲授法，这种教学方法的核心是进行知识与信息的传播。但是，在新课标要求的核心素养培养理念下进行阅读教学，不仅要实现信息与知识的传递，而且需要坚持学生本位的基本教学观念。在教学过程中要始终尊重学生的主体地位，除了进行知识的讲解之外，还需要引导学生发散自身的思维，激发个人的潜能。在教学过程中使用不同的阅读方法，最终所取得的教学效果也是不同的。除了传统的讲授法之外，还有情境教学法、媒体教学法、任务驱动法、合作教学法等。

但是，在当前的小学语文阅读课堂上，教师教学的重点就是对课文中的内容进行讲解，整个教学过程主要是带领学生对课文内容进行阅读，帮助学生认识陌生字词，总结段落大意和中心思想。这种模式化、机械化的教学方式，只能将知识单向地灌输给学生，没有考虑到学生个人的感知，导致学生在学习的过程中一直处于被动接受的状态。新课标明确要求通过教学拓展学生的思维，促进学生多方面能力的共同发展，而在阅读教学过程中仅仅通过传统的讲授法是无法实现该目的的。通过调查发现，部分教师在备课时不够认真，无法对教材中的阅读内容进行深入理解，只能按照辅助图书和事先准备好的教案进行教学，没有考虑到学生的实际学习情况，更不能针对不同的学生做到因材施教，所以阅读教学对于学生个人的发展效果并不能让人满意。尤其是对于小学低年级学生和中年级学生来说，他们自身无法熟练地使用不同的阅读方法，也缺乏很好的阅读技巧，如果教师在教学过程中只根据考试内容进行教学，不注重培养学生的阅读兴趣，就很难在阅读教学过程中有效提升学生个人的阅读能力。

培养学生的核心素养，还需要让学生具备文化传承与文化理解的能力。通过调查发现在语文阅读教学过程中，部分教师过于注重进行字词与段落大意的讲解，忽视对文章当中的人文主义思想进行解读。有些教师为了帮助学生更好地理解课文内容，会在教学之前设置一些问题，让学生带着问题进行阅读，试图通过这样的方式帮助学生加深对课文内容的理解。这种教学方式带来的问题便是学生无法自由地与课文内容进行交流，个人感悟相对较低，导致学生不能真正感受课文中深藏的人文主义思想。久而久之，学生会养成对课文进行表面阅读的习惯，无法从文章当中感受到文化最深刻的内涵，这与核心素养理念本身是相互违背的。

还有一个重要的问题是教师经常忽视学生的个体差异，只是在自己原有教学经验的基础上进行阅读教学，习惯性地利用自己的思维对学生进行引导，将个人对文章的理解强加到学生身上，最终导致学生无法自主地对课文内容进行理解。学生无法对课文内容进行自主思考，这在一定程度上限制了学生发散性思维的培养，不利于学生个人阅读能力的提升，学生也无法获得良好的阅读体验。

（四）阅读教学评价固化

阅读教学评价能够为教师的阅读教学提供及时有效的反馈，进而帮助教师对阅读教学内容进行调整，有效提升阅读教学质量。通过实际的调查发现，学校现有的阅读教学评价形式过于单一，无法将阅读教学的总体情况体现出来，导致语文阅读教学当中存在的很多问题不能被及时发现。

在语文教学过程中，阅读教学的评价标准并不明确，也没有受到学校和教师的重视。关于语文阅读教学评价内容，有的教师表示："我认为阅读教学评价的内容应当包括对学生学习态度、学习状态、学习能力和学习成果等方面的评价。当然也需要对教师进行评价，对教师的评价主要包括教学情况、教学效果、教学反思等不同的内容。但是要想真正对这些内容进行客观的评价难度很大，所以我一直觉得全方位的阅读教学评价工作是很难实现的。"从该教师的表述来看，教师对阅读教学评价的内容有一个基本正确的认识，可因为阅读教学评价包含的内容比较复杂，导致教师在实际的教学过程中无从下手。还有的教师认为阅读教学评价其实就是在期末对教师的教学情况和学生的阅读能力进行一个基本的检测，而平时的教学当中则没有对学生进行评价。很显然，这种认知已经在大多数教师心中根深蒂固。这种唯结果论的评价方式是目前很多语文教师对学生进行检测和评价的主要方式，但是在教师心目中，阅读教学评价的主要对象仍然是学生，对于教师的评价与考核则相对较少，显然这样的评价失去了应有的意义与价值。

二、小学语文阅读教学存在问题的原因分析

从以上内容可以发现，在小学语文阅读教学中，存在教学目标偏离、教学内容局限、教学方法单一和教学评价固化等方面的问题。为了进一步了解这些问题，有必要从实际情况出发对这些问题产生的原因进行分析。

（一）教师教学理念的偏离

教学活动的开展离不开教学理念的支持，教学理念是贯穿整个教学过程的重要元素，对于教学活动的开展具有重要的指引作用。因此在教学过程中，教师需要对阅读教学进行正确合理的分析，并且将核心素养理念与实际教学活动进行有

效融合，尽可能保证教学理念与核心素养相互契合。然而，部分语文教师对核心素养理念缺乏深刻的认识，所以在实际的教学过程中不能有效地实现阅读教学和核心素养的融合。

通过调查发现，92.3% 的教师只是听说过核心素养理念，对于这一理念的深层含义并不理解。由此可见，大部分语文教师对核心素养理念的认知还停留在表面，对其缺乏深入的理解。这一情况充分表明，语文教师对先进的教学理念不够重视，学校也没有组织教师进行统一培训，导致教师的教学理念不能及时更新，进而导致教学活动与时代的要求相脱节。虽然国家和社会一直强调要促进学生的全面发展，保证学生具有强大的适应社会的综合能力，但是在学生升学的过程中，分数仍然是非常重要的评判标准，所以教师也不得不将提升学生的成绩作为教学重点，导致教师只能将更多的时间与精力投入学生学习成绩的提升方面，从而忽略了学生综合素质的发展。

语文教师对核心素养理念缺乏正确深入的认知，是导致小学语文阅读教学缺乏明确教学目标的重要原因之一。在阅读教学过程中，教学目标为教学活动的开展提供了重要的方向，所以教学活动大多是围绕教学目标进行的，然而从实际情况来看，大部分语文教师在进行阅读教学时，教学内容依然停留在非常浅显的层次，核心素养要求的内容基本不会涉及，最终导致实际的教学效果并不理想。

从学生的角度出发，教师在进行阅读教学时，应当帮助学生培养良好的阅读习惯，让学生能够主动地参与阅读，只有这样才能取得更好的阅读教学效果。在学生成长的过程中，周围环境对其有着重要影响，但是受应试教育的影响，在实际的教学过程中，教师已经习惯将提升考试成绩作为教学重点，其他内容则被限制，久而久之学生就产生了厌烦阅读的情绪。如果教师在进行阅读教学时，依然使用传统的教学方式，那么学生阅读的兴趣就会逐渐减退，从而养成不良的学习习惯。这种状态甚至会对师生关系造成负面影响，届时再想取得良好的阅读效果更是难上加难。

（二）阅读教学资源分配不足

教学资源是保证教学活动能够顺利开展的重要保证，所以在教学过程中应为教学活动提供的各种资源，除了教材之外，还有课件、案例、教师资源、基础设施等。广义上的教学资源还包括课堂氛围和教学环境等内容。在教学过程中，教学资源的分配情况会直接对教学活动能否顺利开展造成影响。在阅读教学过程中，阅读资源是保证教学活动顺利开展的保障，所以学校和教师要充分利用教学资源，保证阅读教学的长效性。

但是在调查的过程中我们发现，大多数教师教学的内容与教材高度一致，只有少部分教师会在阅读教学时进行课外阅读内容的拓展。新课程标准明确要求小学生要进行课外阅读，所以单纯依靠教材本身是无法满足新课程标准要求的。在调查中发现，因为教学任务相对较重，所以很多教师在教学过程中无法有效顾及学生课外的阅读情况，一般只会向学生布置阅读任务，并不能时刻对学生进行监督和评价，这就导致阅读教学的内容局限在教材本身，无法有效提升学生的阅读量。

在语文阅读教学中还存在另一个重要的问题，就是教师对教材内容的理解不够深入。在进行阅读教学之前，教师需要对教材内容进行深入研读，做好教学准备工作，尤其是教材作为语文阅读教学的主要内容，教师对教材的研读情况将会直接影响语文阅读教学的整体效果。然而通过调查发现，很多语文教师在教学过程中只会对教材中的内容进行机械化的传授，忽视了学生的个人特点和基本教学情况，无法对教学内容进行深入的思考与理解。也有一些教师在教学过程中过度追求阅读内容的丰富性，而忽视了阅读的深度，导致阅读教学的表面化现象非常严重。即使部分语文教师在进行阅读教学的过程中会进行课外阅读的拓展，但他们对课外阅读资源的利用也不够彻底。在 S 学校，只有部分语文教师会组织学生开展课外阅读。然而当今时代的语文教学不仅要提升学生个人的语文知识素养，同时还需要提升学生的综合能力，帮助学生塑造正确的"三观"。在教学过程中，仅仅依靠教材当中的内容是无法实现上述目标的，而只采取传统的教学方式也不利于学生综合能力的提升，更无法为学生开放性思维的发展创造良好条件。

（三）语文教师教学能力有待提升

教学过程能够直接体现出教师的教学能力。通过调查可以发现，大多数教师在进行阅读教学时使用的是传统的讲授法，讲授法的优点在于能够最大限度地向学生进行理论知识的传输，按照教师自己的教学计划将教学内容传授给学生。但这种方法也存在一定的局限性，即无法保证学生积极地参与学习过程，学生的主体地位也得不到凸显。这样一来，整个教学过程就会变成教师单向性地输出，无法引导学生进行深入的思考。对学生进行调查后发现，有93.6%的学生表示用传统的教学方式进行阅读教学会导致课堂比较枯燥，学生无法积极地进行学习，这也在一定程度上降低了阅读教学的效果，最终导致学生对阅读失去兴趣。调查数据显示，有约42.0%的学生选择了在阅读教学过程中，教师会花更多的时间对文章内容进行分析；还有38.4%的学生表示教师会带领学生对课文内容进行朗读，而引导学生对课文内容和深层含义进行讨论与交流的情况则非常少。这些数据充分表明仅靠传统的教学模式无法激发学生的学习热情，也从侧面说明教师的教学能力有待提升。所以，在实际的阅读教学当中，如果能够突出学生的主体性，促进教师与学生的交流互动，便可以在一定程度上提升阅读教学的实际效果。

此外，很多小学语文教师同时担任班主任的职位，平时的工作比较繁杂，不仅要进行正常的语文教学，而且要关注学生的心理状态和精神状态，与家长及时沟通，所以每天的工作量非常大，导致他们没有足够的时间进行个人能力的提升，也没有充足的时间进行教学准备。语文教师担任班主任的情况非常普遍，这无疑会给语文教师的教学工作带来更大的压力。一个人的精力是有限的，如果同时担任不同的工作，那么用来进行语文教学准备的时间必然会缩短，进而影响到语文阅读教学效果。

（四）阅读教学评价机制不健全

阅读教学评价机制不健全的问题主要体现在两方面：一方面是阅读教学评价的内容不够全面，另一方面是阅读教学评价的方法比较单一。从目前的实际情况来看，学校对学生进行阅读评价的主要方式就是考试，通过一张卷子来对学生的阅读能力进行测评，很显然存在一定的局限性。通过试卷成绩对学生的能力和知识掌握程度进行判断本身就不科学，通过一张试卷来测试只能是对学生某一阶段的学习情况进行判断，并不能判断学生的整体实力。阅读教学评价不仅是为了让学生掌握一定的阅读知识，同时还要促进学生丰富阅读量，养成良好的阅读习惯。所以，阅读教学评价内容单一，不仅无法真正反映出学生的学习情况，而且会对学生未来的学习方向造成一定的误导。虽然用考试来对学生的阅读情况进行判断的这种方式非常普遍，但实际上却具有极大的弊端和缺陷。新课标要求教师在教学过程中帮助学生进行语言文化知识的积累，要实现这一目标需要一个漫长的过程。所以在这个过程中，依赖单一的教学评价方式是不科学的。

对以上内容进行总结分析可以发现，导致小学语文阅读教学当中存在问题的因素，主要包括四个方面。这一研究为下文提出改进措施提供了依据。

第二节　新课标下小学语文阅读教学策略

要想保证小学语文阅读教学能够满足新课标的相关要求，并且有效地开展，必须在实际的教学过程中积极进行教学改革，解决当前阶段小学语文阅读教学当中存在的多方面问题。

一、提升语文教师对阅读教学的认知

因为教学理念在教学过程中有着指明方向的重要作用，所以在新课标下开展小学阅读教学，首先需要帮助语文教师提升对阅读教学的认知，明确在阅读教学过程中应当遵循的基本理念，进而不断优化阅读教学的实际效果。

要帮助语文教师对阅读教学建立一个正确的认知，首先要引导语文教师改变原有的教学观念，实现从知识本位向核心素养本位的转变。受应试教育的影响，在实际的教学过程中，语文教师过度注重学生的成绩，因此在教学过程中难免会变得功利化。但是新课标要求当代学生不仅要掌握理论知识，而且要提升个人综合能力，从而在未来从容应对各方面的问题。因此，教师需要对各种教学理念保持高度敏感，对新课标进行深度理解并把握其中的内涵，进而在教学过程中促进新教学理念的渗透，保证实现阅读教学的目标，使学生在掌握相关知识的同时，逐渐提升个人的阅读能力。

当然，教师除了需要树立正确的教学理念之外，还应该积极地对学生进行引导，让学生始终保持积极的学习态度。因为小学阶段的学生心理发展不成熟，很容易受外部环境的影响，所以很多小学生会为了得到他人的赞赏而努力学习。这一目的下的学习对个人成绩的提升有一定的促进作用，但对综合能力的提升和价值观念的发展并没有很好的效果。因此在日常的教学过程中，教师要从各个方面替学生考虑，不过度在意分数的高低，不随意判断学生的好坏，进而逐渐转变学生的学习态度，让他们对学习有真正的认识和理解。

为了有效改变教师对阅读教学的认知，学校还需要积极组织教师参加专业的培训，积极利用校内外的各种有效资源，为教师个人的专业发展提供良好的条件。当然，学校领导自身也要具备终身学习的理念，做到与时俱进。条件相对较好的学校，还可以利用假期时间组织教师到校外甚至国外进行参观学习，了解世界优秀学校的教学活动和教学理论，进行学习与借鉴。学校领导也可以以语文教师为主体举办相关的活动与比赛，促进不同教师之间的互动与交流，鼓励他们积极分享教学经验，提升个人的阅读教学水平。

二、确立明确的教学目标

新课标的相关要求为小学语文教师确立阅读教学目标提供了一定的参考。因此，教师在进行阅读教学备课的过程中要积极做好准备工作，对教材内容进行深入的解读。比如教师可以结合新课标的相关要求，全方位地进行教学目标的设计，保证教学目标与实际教学情况相吻合。当然在进行教学目标设计时，也需要充分考虑学生个人的学习情况，根据不同年级学生的身心发展特点，制定针对性的教学目标。同时还要尽可能保证教学目标具有可操作性，只有这样才能有条不紊地实施教学，进而将其有效渗透到阅读教学的各个环节当中，尽可能保证教学目标的实现。在确立教学目标时，要保证教学目标与教学内容紧密结合，防止教学目标假、大、空。每一位教师也要时刻谨记教学目标是为教学活动服务的，具有较强的实践意义，如果教学目标和教学活动缺乏有效的联系，甚至有所冲突，就会导致教学活动失去应有的意义。教师在进行阅读教学时，需要合理调整自己的讲课节奏，保证整个课堂教学与教学目标相吻合，同时还要经常关注自己的教学内容是否与教学目标保持一致，防止教学内容偏离正确的教学方向。

三、以学生为核心进行教学内容整合

进行阅读教学，需要加强教师与学生的联系，保证师生可以相互进行信息传达。进行高质量阅读内容的教学，能够有效锻炼学生的思维能力，进而逐渐提升学生的审美能力和文化理解力。

学生是阅读教学过程中的主体，所以教师在选择阅读教学内容时，需要充分考虑学生的需求。不论是教师还是学生，都需要对教学内容有正确的认知，即教学内容并不等于教材内容，教材内容是为了实现教学计划而确定的文字性或者非文字性的素材与内容，而教学内容是指在教学过程中教师向学生传递的有用信息，这些信息并不局限于教材，还包括教材的延伸及教材之外的一些内容，所以教师不可以将教材当中的阅读内容当作阅读教学的唯一内容，否则不仅不符合新课标的要求，而且无法满足学生个人的发展需求。在教学过程中，教师还需要认识到学生重构者的身份，尤其是在阅读教学过程中，教师不能机械地将教材当中的内容传递给学生，而要对教材内容进行深入的分析与解读，挖掘文章要传达的内涵，进而经过个人的理解与加工并借助一定的方式传达给学生，再让学生对教材内容进行进一步理解，最终实现教师与学生的共鸣。只有这样才能真正实现知识的内化，并提升阅读教学的实际效果。教师要对教材进行全面的分析，包括教材当中的导语和注释等内容，这些内容也要成为教师重点考虑的内容进而最大限度地发挥教材的价值。

教材中的内容涉及多种文体和内容，对这些内容进行教学能够有效促进学生思维的发展。通过调查发现，教材中的文体包括记叙文、说明文、议论文、诗歌等，不同体裁的文章有着不同的教学要求，所以教师在教学过程中需要区别对待，在进行不同类型文章的教学时应考虑使用不同的教学方式。比如在进行记叙文教学时，引导学生紧紧把握记叙文的六要素，对整个文章的事件进行分析，进而感受作者想要传达的情感，有效把握文章更深层次的内涵。而在进行说明文教学时

则要引导学生体会文章的严密性和条理性,掌握文章的基本说明方法。总而言之,教师在针对不同体裁的文章进行教学时,需要将不同类型的文章区分开来,选择不同的方式教授不同的内容,进而有效提升学生的逻辑思维能力。

除了课内的阅读内容之外,教师还要积极进行课外阅读内容的拓展。学生审美能力的提升离不开对大量优秀文学作品的阅读,如果将阅读教学局限在课堂当中,不仅无法有效提升学生的阅读能力,而且有可能导致学生的发展受到限制。当然,在对小学生进行阅读教学时,需要以教材中的教学内容为主体,同时在此基础上不断进行教学内容的拓展,以保证阅读内容的深度逐渐提升。在体裁方面可以进一步丰富,除了记叙文、说明文、议论文之外,还可以学习一些诗歌、散文、寓言故事、童话等,有效激发学生的阅读兴趣,让学生更加积极主动地参与学习。在选择课外读物时,教师要发挥自己的主导作用,对课外读物进行筛选,避免不健康的读物对学生造成不良影响。

四、使用个性化的阅读教学方法

随着我国教育改革的不断推进,小学语文阅读教学已经实现了极大的改变,在改变的过程中有积极的方面,同时暴露出了一些问题。新课标明确要求,在教学过程中要尊重学生的主体性地位,积极地对学生进行引导和协助,有效提升学生个人的自主学习能力。因此,在教学过程中,需要对学生进行积极的引导,帮助学生养成自主阅读的习惯。传统的阅读课堂以教为主。在教学过程中,教师首先向学生介绍作者和文章的创作背景,再让学生对文章内容进行阅读,并总结文章中心思想,这种落后的阅读教学方式显然不符合当今时代的阅读教学需求。在进行阅读教学时,教师要积极鼓励学生,让学生逐渐养成自主学习的习惯,并且形成一套自己的学习方法。教师在对学生进行指导时要把握好尺度,不能将自己对文章的理解强加给学生。因为不论是教师还是学生,每个人都是独立的个体,都有自身独特的思维方式和理解方式,所以在进行阅读教学时,教师需要注重对学生的引导,而不是强行灌输。在学生进行课外阅读时,教师可以积极向学生推荐优秀的作品,同时不能强制要求学生产生与自己相同的感悟与理解,否则会严重阻碍学生个人的思想发展。总而言之,教师在教学过程中需要充分尊重学生的主体性地位，积极鼓励学生进行独立思考，只有这样才能让学生的主动性得到充分的发挥，并且逐渐提升学生个人的阅读能力。

当然，培养学生个人的阅读兴趣也至关重要。兴趣是保证人们能够开展某些行动的重要动力。要想保证阅读教学能够取得良好的效果，离不开学生个人对阅读的兴趣，因此在进行阅读教学过程中，教师需要通过对学生进行引导，有效激发学生个人的阅读兴趣。在教学之前，教师可以借助多媒体技术播放一些与课文内容相关的图片或者视频，营造轻松活跃的课堂氛围，进而激发学生想要进一步了解的好奇心。在阅读教学结束之后，教师还可以以课堂教学内容为基础进行课外知识的拓展，激发学生进行课外阅读的兴趣，丰富学生的阅读量。

养成良好的阅读习惯，通常可以使学生在阅读过程中取得事半功倍的效果，因此教师还需要对学生进行科学指导，帮助学生找到适合自己的阅读方式，养成良好的阅读习惯。阅读方法主要是指为了能够更好地理解文章内容而使用的方式方法和相关手段，如朗读法、默读法、精读法等。这些阅读方法能够有效提升学生个人的阅读效果。因此，教师首先要保证自身对不同的阅读方法有一定的了解，并且通过实践熟练掌握这些阅读方法，只有这样才能在教学过程中将这些方法传授给学生。在阅读过程中，教师要有意识地对学生进行引导，提醒学生使用哪种阅读方法进行阅读更加高效，并且帮助学生掌握这些阅读方法。尤其是对于小学生来说，小学时期正是培养良好阅读习惯的关键时期，这一时期能否养成良好的阅读习惯对于他们未来的学习和发展具有重大的影响。因此，教师要在教学过程中让学生逐渐明白对文章进行深入阅读而不能只停留在表面，只有这样才能从文章中受益，进而促进个人发展。总而言之，对文章进行阅读并不是机械地浏览文字，而是要在阅读的过程中对文章进行深入思考，感受文章要传达的内在含义，进而在阅读的同时对生活进行感悟与思考。

五、建立完善的阅读教学评价机制

在阅读教学的整个过程当中，教学评价也是一个不可或缺的关键部分。新课标明确指出，语文的课程评价具有检查、诊断、反馈、激励、甄别等多种不同功能，而多样化功能存在的意义便是为了对教学目标的完成情况进行有效检验，帮助教师及时掌握学生的学习情况，引导学生走出学习困境。然而从目前的学校教学评价来看，阅读教学评价存在明显的评价方式固定、评价主体单一等问题。因此，学校有必要从实际情况出发进行教学评价机制的改革，建立完善的阅读教学评价机制。

语文评价具有多样化的功能，因此在进行阅读评价时需要借助正确合理的评价方式，进而保证评价工作可以更好地完成。语文教师需要理解学生个人的综合素养才是教学评价需要着重关注的内容。因此，教师要以促进学生综合能力的提升为根本开展教学评价。在对阅读教学进行评价时，有两种不同的评价方式：一种是形成性评价，另一种是终结性评价。形成性评价是从学生学习的过程出发对学生进行评价，终结性评价则以最终的结果为标准对学生的阅读进行评价。在使用形成性评价方式时，要着重关注学生阅读学习的整个过程，在学习过程中及时发现学生面临的问题，进而帮助学生解决问题。这种评价方式更加注重及时性的反馈，所以应当将其贯穿于每一堂课的课程教学中，对每一节课进行总结和记录。因此，教师在教学过程中可以积极地与学生进行互动交流，观察学生的阅读状态，并以此为依据了解学生的学习情况。终结性评价并不是指通过期末考试对学生的学习情况进行测评，而是要建立一个综合性的评价机制，以学生核心素养的提升为主要标准，对不同年级的学生进行全面的测评。比如可以从阅读方法、阅读内容、阅读习惯、阅读数量等多角度对学生的阅读情况进行分析，以此评价在阅读教学过程中学生个人的收获情况。

通过对学生的阅读情况进行个性化评价进而体现学生个体性特征，是教学评价需要思考的重点内容。因为每一名学生都是独立的个体，具有自身独特的思维模式和认知结构，所以他们在阅读过程中会对文章产生不同的理解。阅读就是学生与文章之间深层次的交流，对文章中涉及的知识进行吸收与内化，能够让学生的个性化更加明显。所以，在制定评价标准时需要进一步考虑学生个人的个性特征，尊重学生对文章的理解差异，更要保证评价标准符合不同年龄阶段学生的特点和个人认知水平，只有这样才能使教学评价对每一名学生的成长都有帮助。

当然，还有一个重要的方面就是要促进评价主体的多元化发展。从当前学校的教学评价形式来看，大多数教师对学生的评价仅仅停留在教师单方面的评价这一方面，但是这样的评价方式无疑会导致教师在教学过程中只关注学生个人的学习问题而无法发现学生在阅读过程中暴露出的其他问题。因此，教师和学校需要从这些问题出发，积极进行评价主体的多元化发展，除了教师对学生进行评价之外，还要进行学生自评与学生互评，情况允许时还可以鼓励家长对学生进行评价，只有这样才能更加客观准确地反映出语文阅读教学过程中存在的问题。在学生自评的过程中，首先需要学生对自己的阅读水平有一个基本的认识，尤其是要记录自己在阅读过程中的基本表现和课下作业的完成情况，从多方面出发对自己的阅读能力进行整体把握，及时发现问题，并且不断改进。在学期结束时，每名学生都要将自评结果上交给教师，让教师对学生的自评情况进行分析总结，只有这样才能保证教师的教学有的放矢，避免在今后的教学过程中出现类似的问题。因为在当前的阅读教学评价中，主要是教师对学生进行评价，这样就会使学生的主体性被忽视。而学生本身就是教学过程中的主体，所以不仅要让教师对学生进行评价，教师也要从受教育者的角度出发，让学生对教师的教学情况进行一定的评价，从而加深教师与学生的相互理解。教师要了解学生对自己的评价，只有这样才能从中发现自己在教学过程中难以发现的问题，以便不断进行优化。

学生之间的互评也非常重要。因为学生之间的相处时间较长，彼此比较了解，在阅读教学过程中，通过学生互评的方式能够促进学生之间的交流，能够让他们相互探讨阅读方法和阅读技巧，进而实现共同进步。

六、为小学生阅读提供良好的阅读环境

环境对人的影响至关重要，通过实际的调查发现很多小学并不重视学生的阅读教学环境，在班级内不仅无法为孩子提供丰富的阅读资料，同时校园、家庭的阅读环境也亟须改善。

首先是班级环境。班级是构成校园的重要部分，所以一个班级一定要有良好的班风，只有这样才能在班级内部营造浓厚的阅读氛围，进而引导学生养成良好的阅读习惯。比如当班级内的大多数同学在认真阅读时，那些不认真学习的孩子

也会被逐渐影响。班级就是一个小的社会，班级内部是否拥有良好的学习氛围将会对学生个人的情商和智商发展产生重要影响。因此，教师与学生需要积极进行班级文化的建设，从多角度出发提升班级的整体文化氛围。比如教师可以在班级内建设图书角，在闲置的书架上面放置一些课外图书，在班级内部营造浓厚的阅读氛围。这样就可以为那些爱读书的学生提供良好的机会，让他们可以在空闲的时间进行课外阅读。在阅读完图书之后，学生之间也可以进行交流讨论并表达自己的意见与看法。教师也可以组织班级内的学生进行晨读，每天在上课之前安排固定的时间进行美文朗读。在班级内部，教师也可以定期举办一些文章朗读比赛，对那些优秀的学生给予一定的奖励。为了营造良好的班级阅读氛围，教师需要积极地对学生进行引导，促使学生发挥主动性，让学生体会到阅读的趣味，进而更好地参与阅读。

其次是校园环境。除了进行班级阅读氛围的建设之外，在学校内部也需要积极营造良好的阅读氛围。对于学生来说，他们上学阶段的大部分时间是在学校度过的，所以学校在人才培养方面具有不可推卸的责任。新课标明确要求小学生在小学阶段阅读的课外读物需要超过 145 万字，因此为学生营造良好的校园阅读氛围、推进阅读工作的开展是学校的重要工作。学校作为学生学习的主要场所，校园氛围对于学生个人的性格发展、价值观养成、文化修养提升有着重要的作用，因此在推进阅读教学工作开展的过程中，学校要尽可能地营造良好的校园文化环境，在无形中对学生进行影响。为了能够帮助学生积极进行课外阅读，学校可以为学生提供到图书馆借阅图书的机会。教师也可以定期带领学生到图书馆阅读图书，进行课外知识的拓展。为了在教学过程中能够取得更好的教学效果，教师需要在开展阅读任务之前布置固定的任务，让学生在规定的时间内完成。学校还可以在学校的角落摆放课外读物，让学生可以随时进行阅读，能够时刻接受知识的熏陶。当然，学校也可以积极开展丰富多样的阅读活动，激发学生的阅读兴趣，让学生积极主动地参与阅读。

除了积极建设班级环境和学校环境，家庭也需要积极营造阅读环境。父母作为孩子的第一任教师，在孩子的成长过程中发挥着至关重要的作用，因此父母需要在家庭中为孩子创造一个良好的阅读环境。首先，父母要尽可能为孩子准备自己的空间，比如卧室或者书房，在条件允许的情况下为孩子准备书桌和书架，并且购买一些课外读物，让孩子可以在自己的空间内自主阅读。另外，父母也可以在墙壁上悬挂一些名人名言，还可以安装小书架并放置一些儿童读物。如果父母为孩子创造了一个舒适的适合学习的环境，那么在环境的影响下，孩子肯定愿意阅读。如果家庭环境相对较差，孩子自然也不会产生阅读的兴趣。所以，家长要尽可能在家庭内部为孩子的阅读提供良好的环境，支持孩子进行课外阅读，为孩子阅读提供足够的安全感。父母也要发挥自己的引导和榜样作用，在孩子想要读书的时候，主动陪孩子一起进行阅读，在阅读完毕之后与孩子进行交流，探讨阅读心得。在周末，父母还可以带孩子去逛书店，购买孩子喜欢的一些图书，这样积极地引导孩子进行阅读，久而久之，孩子就会养成阅读习惯。

在小学语文阅读教学过程中，不论是学校还是教师，都不能忽视环境对学生的影响，尤其是在新课标的要求下，需要将学生培养成综合发展的人才，所以环境的作用就更加重要。因此，教师、学校、家长需要共同努力，从班级、校园和家庭出发为学生阅读营造良好的环境，让学生在潜移默化中受到影响，进而从内心深处喜欢阅读，养成热爱阅读的好习惯，并通过阅读丰富个人的内心世界。

第三章　小学语文写作教学

写作教学一直是语文教学中的难点，尤其是对小学生来说，很多孩子因为知识掌握量少，所以写作时会出现不知如何下笔的问题。很多时候小学生写的作文就是流水账，或者写的内容与主题完全脱离。因此，在新课标的要求下如何进行小学语文写作教学、逐渐提升小学生的作文水平，是教师需要重点考虑并解决的重要问题。

第一节　当前小学语文写作教学现状、存在问题及其产生原因

新课程标准对小学语文写作教学提出了明确的要求和教学目标，所以积极进行小学语文写作教学改革十分必要。在新课程标准中，写作教学所占比重较大，然而在小学阶段的语文课程表中，进行语文写作教学的课时却非常少，这充分说明小学语文教师并没有认识到写作教学的重要性。笔者通过调查和访谈发现，在目前的小学语文教学中，写作教学仍然存在较大的问题，这为小学语文写作教学的改革提供了数据支持。

一、小学语文写作教学的现状及问题

笔者通过对小学语文教师和学生进行调查发现，当前小学语文写作教学情况不容乐观，存在很多问题。

（一）学生方面

1.学生缺乏学习兴趣

通过调查发现，有 35.1% 的学生表示自己喜欢上作文课，有 49.6% 的学生表示自己不太喜欢上作文课，还有 15.3% 的学生明确表示自己不喜欢上作文课。笔者通过与学生交流发现，有很多小学生表示自己对作文不感兴趣，甚至在上作

文课时，全班同学的态度都不积极，这样的情况在小学课堂一直存在。虽然每次布置的作文作业学生都能完成，但是他们大多缺乏积极性。我们知道兴趣是最好的老师，如果缺乏兴趣，即使一直学习也无法取得良好的学习效果。在问到学生为什么对写作不感兴趣时，很多学生表示写作文很难，不知道应该怎么写；也有的学生表示自己是对老师布置的题目不感兴趣，所以才不想写。

2. 写作缺乏真情实感

笔者通过调查还发现，很多小学生写的作文缺乏真情实感。小学阶段是学生最天真且充满童趣的时期，童年的生活将会对学生的未来产生重要影响。因此，在小学阶段如何对学生进行引导，事关每一个孩子未来的发展。也正因如此，小学语文教师在教学过程中才更应该认识到写作的重要性，并且积极思考如何将学生的童年与写作联系起来，让学生可以将自己的经历、自己的情感呈现出来。在与教师进行访谈时，很多教师表示学生在写作文时存在一个常见问题，就是他们的作文内容与自己的童年生活无关，作文内容具有明显的成人化趋势。如小学生的作文中有很多名言警句、名人名言，学生可能并不理解这些句子表达的真实含义，只会进行挪用。通过这种方式创作出来的作文，不仅无法表达个人的真情实感，而且会导致学生陷入创作的固定框架当中。

有的学生为了完成作文任务，将自己背诵的一些故事套用到作文中。当教师要求学生以自己的父母为主题写一篇作文时，我们发现这些孩子在作文中记录的事情大同小异，有的学生甚至直接从优秀作文范例中照抄。这种机械化、模式化的作文创作方式，既不能提升学生个人的创作水平，也不能激发学生个人的创作兴趣。

3. 作文内容空洞不现实

通过对学生进行调查还发现，学生作文内容主要有借鉴优秀作文、网络搜索、日常积累、脱离现实几方面，所占的比例分别为20%、28.6%、42.8%、8.6%。在"你是否经常读课外书？"这一项调查当中，表示自己经常阅读的学生只占40%。从笔者所做的几项调查中不难发现，很多小学生并没有良好的阅读习惯，所以他们在创作时大多照搬作文书或者网络上的内容，这一做法对学生个人写作水平的提升并不利。新课标明确要求，学生要重视对自己生活的观察和积累，养成观察周围事物的好习惯，只有这样才能逐渐丰富个人认知，让自己拥有更多的创作素材。但是很多学生没有养成良好的观察生活的习惯，他们在创作时就缺乏实际的生活素材，导致他们创作的作文不够生活化，整体内容过于空洞。比如语文教师在让学生写《令人难忘的一件事》时，很多学生抱怨说自己没有最难忘的事，每天的生活都一模一样。当学生发出这样的抱怨时，就足以表明他们没有对自己的生活进行充分细致的观察，现实生活中的一些素材被忽视。最终学生只能去模仿优秀作文或者通过网络进行搜索，将一些与自己无关的事情进行套用。

由于很多小学生从小没有养成课外阅读的好习惯，对很多优秀作品当中的词语没有进行有效归类，所以会在写作文时出现词汇匮乏的情况。语文教师从小学生写的作文当中经常可以发现一句话使用多次的情况，而且在对某一事物进行描绘时使用的词语和语句也非常简单。小学生的日常积累有限，所以他们无法使用生动形象的词语进行创作，这也是导致小学生写作水平较低的主要原因之一。

（二）教师方面

小学语文写作教学当中，学生的写作情况不佳也从另一个角度体现出教师在写作教学当中存在一定的问题。

在对学生的调查当中可以发现，当前教师对学生作文进行评价的方式中，写评语的比例为71.5%，当面批改的比例为2.8%，进行分数评定的比例为22.8%，还有2.9%是由学生相互批改。在"教师是否会为你们进行写前指导？"这一项调查中，表示教师会经常进行指导的占22.8%，认为教师会偶尔进行指导的占28.7%，剩下的人则表示在写作之前教师不会进行指导。

而在对教师的调查当中可以发现，有19.2%的教师表示自己会经常对学生的写作活动进行指导和评价，46.2%的教师表示自己会偶尔进行评价，剩下的教师则表示自己很少或者不会进行指导评价。对学生与教师的问卷调查结果进行综合分析后可以发现，在目前阶段的小学写作教学当中，教师并没有对学生写作进行积极有效的指导。

1. 语文写作教学缺乏正确指导

通过问卷调查可以发现，大部分语文教师在写作教学当中没有对学生的写作进行正确规范的指导，很多时候只会按照相关要求布置题目，然后让学生自主完成写作，结果导致很多学生在写作的过程中无从下手，最终不得不通过其他的方式来完成写作。比如，老师要求学生以《我的老师》为题写一篇作文时，通常会将作文的创作思路先告诉学生，即第一部分要对老师的外貌特征和性格特征进行基本介绍，第二部分则需要以老师的外貌与性格特征为基础，列举一些相关的事例，第三部分要抒发个人情感并且进行结尾。这样的写作指导会让学生丧失个人思考的能力，将学生禁锢在固定的思维当中，无法激发学生的想象力。

2.教师的评价标准过于僵化

通过问卷调查可以发现，教师在对学生的作文进行评价时方式过于单一，有71.5%的教师会通过写评语的方式对学生的作文进行评价总结，只有少部分教师会面对面地为学生进行作文的批改或者让学生之间进行相互批改。传统的作文评价方式没有为学生提供修改作文的机会，当然学生自己也没有养成修改作文的习惯，通常是在老师的要求下对相应的内容进行改正。因此，教师对学生作文的好坏具有绝对的评价权。可见，在小学语文写作当中，语文教师的标准就是学生作文好坏的唯一评价标准。这样的评价方式导致学生无法发挥个人想象力，只能按照固定的模式进行作文，这一方式对学生个人写作能力的提升无法起到良好的促进作用。

二、小学语文写作教学存在问题的原因分析

在了解小学语文写作教学当中的问题之后，有必要进一步对导致这些问题的原因进行分析，从而更好地找到解决策略。通过分析总结，大概可以将原因分为以下四方面。

（一）教师的写作教学理念陈旧

新课标的实施虽然要求教师在教学过程中贯彻新的教育理念，但这并不代表新的教育理念会得到贯彻。新课标要求小学语文教师不断根据教学情况设立全新的教学目标，即使有新的教学目标作为引导，也并不代表教师会在教学过程中采取新的教学方式。

我们发现，在小学语文教学过程中，学生主体地位缺失的情况非常严重，因

为在传统的教学过程中教师占据绝对的主导地位，所以在传统的课堂中很少有教师与学生之间的互动。这样的问题在写作教学中也存在，这也是在写作教学过程中教师无法对学生进行正确指导和有效评价的主要原因。一些教师完全以个人喜好为出发点对学生的作文进行评价，忽视了新课标倡导的学生主体性原则。有的教师在要求学生写"一件难忘的事情"时，会为学生提出明确的写作要求：你的某个想法或者做的某件事是错误的，在家长或者老师的教导后认识到了自己的错误，并且最后积极改正。教师为学生写作提供了明确的套路，禁锢了学生的思维，不符合学生自主创作的要求。

在小学生写作的过程中，这种例子非常常见，导致这种情况的原因便是教师的作文教学理念比较落后，在教学过程中无法根据实际情况进行教学理念的调整，最终导致大多数小学生的写作水平较为一般。

（二）写作教材指导性不强

教材是学生学习过程中需要参考的重要内容。在小学阶段进行写作教学时并没有专业的作文教材，而是以语文教材为主，将写作教学内容融入语文教材当中。所以在进行写作教学时，语文教材就是教师教学和学生学习的主要参考内容。通过对小学语文教材与作文写作相关内容的分析发现，这部分内容存在明显的不足，而且对学生的写作缺乏良好的指导作用。小学语文教材当中只是简单提到了写作的要求，并没有为学生写作提供更多的指导，导致学生在写作的过程中感到非常迷茫。很多学生通常只知道要写什么内容，却不知道通过什么方式进行写作或者该怎样写，这也就导致教师在评价过程中缺乏规范的评价标准。再加上学生个人对写作的相关知识缺乏有效认知，导致在实际的教学过程中教材提示的写作方法起不到良好的作用。有的教材还将口语交际和写作联系在一起，比如在人教版小学四年级上册的课本中明确要求："在口语交际的基础上写一篇想象习作"。由此可以发现，这一篇写作训练的要求就是让学生将口语交际与写作联系在一起，充分发挥个人的奇思妙想进行创作，写作要求是想象丰富、内容具体、语句通顺，小学生在缺乏教师指导的前提下，完全不知道如何下笔。

从语文教材中不同单元的写作训练我们可以发现，这些写作训练之间并没有密切的联系，可见在小学阶段的不同写作训练之间是没有内在联系的，这导致小学生通过写作训练无法形成系统化的写作能力。再加上语文教材中与写作训练相关的案例并不充足，导致小学生没有丰富的案例来充实作文内容，这就使很多学生在创作过程中无法有效把握写作的形式和内容，缺乏良好的参考依据。

（三）教师的写作教学方式不够灵活

为了提升学生的写作能力，教师需要在教学过程中充分激发学生的写作兴趣，因为学生的兴趣将会对写作教学的效果产生直接影响。通过调查发现，学生对写作文的兴趣并不高，他们写的作文大多存在内容空洞、缺乏真情实感等问题，这与语文教师在教学过程中缺乏灵活的课堂教学具有一定关系。在实际的小学语文写作教学课堂当中，很多语文教师无法对写作教学方式进行灵活掌握。一方面，他们在教学过程中只会按照教材的要求进行教学，无法对写作训练的内容进行具体分析，更无法通过灵活多变的教学方式来教学。这就导致学生在写作过程中，不论写作主题是什么、题目是什么，其创作思路都是固定的，最终导致越来越多的学生对写作失去兴趣。另一方面，语文教师对写作教学课堂中遇到的各种突发问题或者难以解决的难题不能做到有效变通，无法根据学生的变化选择有效的内容，也不能根据学生个人的需求选择合适的教学方式。比如新课标要求在语文教学中要做到师生平等，所以在语文写作教学过程中，如果出现教师与学生相互交流的情况，教师就需要以平等的身份与学生进行交流。如果学生的意见和教师的意见存在出入，那么教师就需要采取有效的方式与学生进行沟通，保证学生个人的意见得到充分尊重，否则很容易出现课堂教学方式单一、学生作文缺乏灵气等问题。

（四）考试评价机制不合理

从 1999 年《关于深化教育改革全面推进素质教育的决定》发布之后，我国就开始了推进素质教育的进程。但是从目前情况来看，应试教育依然在中国教育领域占据着重要地位，而且直到今天依然对中国教育产生着深刻影响，大多数科目还是以学生的考试成绩高低为标准来衡量学生的好坏。有的学校甚至会根据学生个人的成绩进行教材的选择。由此可见，学生的成绩在学校就是至关重要的衡量标准。在学生的语文成绩中，写作是一个重要的组成部分，而且相对来说，学生对于书本知识的掌握程度相差不大，所以拉开学生语文成绩的主要内容就是作文。因此，很多教师为了提升学生的语文成绩，就想方设法地帮助学生提高写作成绩，甚至向学生传授一些写作技巧和写作套路，让学生在考试的过程中按照套路进行写作。这样的教学理念与素质教育和新课标是相违背的，根本无法促进学生个人能力的综合提升，反而让学生的学习一直停留在表层。

第二节　新课标下小学语文写作教学策略

通过对小学语文写作教学现状的调查可以发现，小学语文教师在教学过程中存在多方面的问题。因此可以从这些问题出发制定相关的教学策略，促进小学语文写作教学的深层次发展，有效提升小学生的作文写作水平。同时还可以为教师开展教学工作提供一定的参考，促进教师与学生的共同进步。

一、设置合理的教学目标

教学目标是指通过一定教学活动的开展应当能够达到的结果或标准，其对教学活动的开展具有重要的导向作用。因此，在语文写作教学中设置合理的教学目标能够充分发挥引领作用，促进写作教学的深度发展，有效提升实际教学效果。

（一）提升教师个人认知

写作教学目标主要是指教师对于学生的写作期望，以及希望学生写作所达到的水平。一般来说，清晰的教学目标对于教师和学生来说具有非常重要的价值。教学目标是促使学生个人不断发展和努力的方向，同时还能够为教师的教学提供重要的指引作用，进而让教师在教学过程中及时调整教学工作。因此，在进行写作教学的过程中，教师首先要明确写作教学的总目标和不同阶段的目标，进而根据实际教学情况进行教学，最终保证教学目标能够有效完成。

《义务教育语文课程标准（2022年版）》在语文教学当中具有指导性作用，对于教学活动的安排有着重要的引领作用，这一文件中包括课程目标、课程实施等内容,为小学语文教学活动的开展提供了明确的方向。在进行教学目标设计时,需要充分考虑课程目标的内容,将课程目标当作重要的参考依据。总而言之,教师在进行教学目标设计时,需要对课程标准进行深入的研究,分析把握写作教学的重点,并从小学生的角度出发进行教学目标的设计。

(二)以新课标和学情为基础进行整体目标的设置

教师在进行教学目标的设置时,需要充分考虑各种因素的影响,进而有效促进学生的学习。在设置教学目标时,最好能坚持二级目标的观念。二级目标的第一级是指课程标准和单元导语,即在进行教学目标设计时,需要充分考虑课程标准及单元导语的相关内容。二级目标主要是指在设置教学目标的时候不能单一设置。二级目标的影响因素主要是指学生的学习需求,也就是学情,学情是教学目标设置时需要考虑的根本要素。学习需求就是指学生个人能力与自身希望达到的水平之间的差距,正因为学生具有学习需求,所以才体现出教学活动的必要性。因此教师在教学过程中需要一步步帮助学生缩小差距,最终实现教学目标,这样的教学过程才能够有效激发学生的学习积极性。小学高年级的写作单元指导要求学生通过描写一些事物来表达个人的情感。学生通过对单元课文的学习,其实已经基本掌握了借助具体事物来表达个人情感的方法,为自己的写作打下了一定的基础。但是学生写作的难点在于如何通过描写事物将自己的情感表达出来,这时就需要教师发挥自己的引导作用,但是每个班级的情况并不相同,而且同一个班级中不同学生的情况也存在一定差异,所以教师需要充分考虑不同班级的情况,尽可能保证教学目标符合相应班级的学习需求。教师在开展写作教学时,需要按照二级目标对教学目标进行梳理,进而保证教学活动更具针对性。这样一来就可以防止部分教师在教学过程中仅仅从个人主观感受出发进行教学目标设计,防止教学目标设置得过于片面,进而有效提升学生的主体性。教学活动本身就不是教师一个人的事情,所以要从整体出发进行教学目标的设计,保证教学目标具有深度,同时还能够做到考虑新课标、单元导语及学生的学习需求等。

(三)根据分类理论进行教学目标设计

在新课标实施之后,教学目标、教学内容等都发生了变化,相关部门和学校都试图通过适应这些变化来取得更好的教学效果,进而有效促进学生个人的发展。在进行教学目标设置时也从原来的知识本位发展为从知识与技能、过程与方法、情感态度与价值观等方面出发。在进行写作教学的教学目标设计时,需要实现以成绩为导向转变为以发展为导向,通过教学促进学生个人的发展。设置有深度的发展性写作教学目标需要从两方面出发,一方面是要保证教学目标可以体现出层次性,同时教学目标的层次性还需要符合学生个人认知的发展规律,只有这样才能有效提升学生个人的写作水平和语文素养。比如统编版三年级上册的《那次玩得真高兴》的习作教学目标,就可以进行分层教学设置,在知识与技能层面,可以让学生回忆一次特别开心的经历;在过程与方法层面,可以让学生按照一定的顺序将自己开心的经历呈现出来;在情感态度与价值方面,则可以让学生传达个人的心情和情感。另一方面是要求进行发展性目标的设计,要保证教学目标具有一定的梯度,保证不同的学习阶段之间能够形成一个循序渐进的过程。很多一线语文教师在进行写作教学时存在的主要问题就是忽略了学生不同的学习阶段对应不同的发展性目标,而往往将不属于某一阶段的学习内容传授给学生,这样就导致学生最终的教学效果无法有效得到提升,甚至还为学生的学习增加了难度。

二、对教材内容进行深度分析

教学内容是教师对教材进行深入分析,进而整合出来的内容,这一部分内容对学生个人的发展具有重要的教育意义。因此,教师需要对教材内容进行深度分析和理解。教学内容是否科学会对语文课的整体教学效果产生重要影响,因此要保证教学内容包含以下几个特征:首先要保证教学内容具有高度整合性,因为教学内容不能过于零碎;其次需要保证教学内容具有较强的生活性,因为生活性的内容能够加深学生与生活的联系,进而引导学生更加关注个人的生活,并且为自己的写作积累更多生活素材;最后要保证教学内容具有较强的可理解性,即教师要对文本内容进行深入分析,挖掘教材当中的教育价值,进而对学生进行教学,帮助学生更好地对课文内容进行理解。为了帮助教师对教学内容进行深入解读和分析,可以采取以下几种措施。

（一）以专家解读为基础对教材进行审视

对教材内容进行深入理解，是确定教学内容的关键步骤。所以教师个人对教材的理解能力将会直接影响教学内容。因为在进行教材编写时，需要以课程标准为依据，所以教材就是新课程标准的重要载体。在对教材进行深入解读和理解时，教师要从课程标准的角度出发。为此，学校可以邀请专家对语文课程体系进行全面深入的解读，帮助教师把握语文教材中的重点、难点内容，再让教师根据不同教学阶段的目标进行教学内容的划分。当然，学校也可以邀请相关专家学者对教材的整体思路进行解析，帮助教师明确教材的整体思路。总而言之，学校要通过多种有效措施帮助教师加深对语文教材的理解，避免语文教师在教学过程中只会"教教材"。

理论是行动的基础，有了专家的解读才能够帮助教师解决对课程认识不足的问题，进而促进教师教学观念的转变，加深教师对教学内容的理解。在进行写作教学的过程中，教师对教材内容的整体把握是教师保证教学效果的重要前提。

（二）转变教师个人的传统教材观念

在进行写作教学的过程中，教材内容就是语文教师需要借助的重要教学工具和载体。对学生来说，语文教材就是其进行写作学习的重要参考资源。为了保证教学质量的不断提升，不仅需要教师加深对教材内容的理解，同时还需要教师逐渐改变自己的观念与意识，以全新的态度来看待语文教材。尤其是在新课标的要求下，教师需要逐渐养成深入解读教材的良好意识和观念，积极对教材当中蕴含的核心价值内容进行挖掘，进而在教学过程中将其传输给学生。通过调查可以发现，语文教师在教学的过程中有三种习惯：第一种习惯是将语文教材中写作的教学内容当作绝对权威，进而在教学过程中对学生进行机械化的教学；第二种习惯是在教学过程中根据不同的教学情况适当地调整教学内容；第三种习惯是在教学过程中尽可能地将教学内容与学生个人的生活进行联系，尽可能加深学生对教材内容的理解。按照这三种不同的习惯进行教学，最终会取得不同的教学效果。比如使用第一种教学习惯进行教学，会导致教学方式不够灵活。使用第二种习惯虽然灵活却不够权威，只有第三种习惯更加科学。语文写作教学本身是一个动态变化的过程。在教学过程中，教师需要根据实际情况及时调整教学内容，进而保证教学内容能够满足学生的学习需求。新课标也明确指出，在进行写作教学时需要提升语文课程的活力，语文教师要在这一过程中更好地对待教材内容，积极挖掘教材中的创造性内容。因此，教师有必要在教学过程中树立正确的教材观念，客观地对待语文教材，树立现代化的教材观念，用发展的眼光看待教材内容，在教学过程中将重点放在如何对教材内容进行深度理解上，而不是只会教学生如何提升个人的写作技巧，否则很容易将学生束缚在固定的创作思维当中，导致学生形成固化的写作习惯。

（三）对写作知识进行深度开发

在语文教学中，作文教学是一项难度较高的教学内容，因此语文教师在写作教学过程中，要想有效提升作文写作的质量就必须促进学生个人的写作能力提升。同时，还需要教师积极向学生传授一些专业的写作知识，利用这些专业的知识，启发学生个人的创作思路，不断提升学生的写作水平。专业的写作知识具有四个特点：第一个特点是在进行创作时必须做到真实，学生创作时使用的素材需要与个人实际生活相关，又或者与人们的实际生活具有密切联系。第二个特点是在写作时要做到具体，比如在进行写作训练的过程中，需要学生具体生动地对事物进行描绘。然而在实际的教学过程中，很多教师会将目标性知识与概念性知识混淆，最终导致学生学习的内容过于混乱，无法帮助学生对这些知识进行有效感知。第三个特点是要保证写作知识具有动态化的特点，即在进行同一类型的创作时，需要学生灵活运用所学的知识，精准地把握和使用不同的写作知识。第四个特点是要求写作的相关知识具有创新性。

在目前的语文教材中，每一个单元的导语中都会明确提出写作要求，所以教师在教学过程中只需要学生按照教材习作的相关要求进行写作即可。比如四年级下册中要求学生描写自己喜欢的某个地方，这就要求学生表达出喜欢与推荐这个地方的理由；五年级上册中明确要求学生在写作过程中对故事的主要信息进行提炼并且缩写故事。因此教师在布置写作任务时，需要与写作训练的要求进行区分，根据教学要求和教学内容进一步提炼写作教学的知识点，对语文写作教学要求的内容进行深入挖掘。每一位语文教师都应明白进行写作训练并不等于进行了写作教学，语文教师还需要积极对教材内容进行深入挖掘，不断丰富教材提供的知识点，以此来作为学生个人的创作思路。

为了能够精准地对写作教学进行开发和挖掘，语文教师需要采取以下几个步骤：第一步要求教师在教学过程中积极对教材内容进行解读，发现写作教学过程中存在的重难点问题，进而对学生进行明确的指引。教师在教学过程中，要发现自己所面临的问题，进而进行有效改善，防止教学活动无法发挥应有的作用与影响，比如三年级的作文《猜猜他是谁》，教师在教学过程中就可以将其与其他类型的作文教学联系在一起，帮助学生发现不同作文之间的异同，对不同要求进行明确。第二步要求教师积极对写作教学的整体内容进行把握，确定合适的写作内容。因为在教学过程中涉及的内容很多，教师不能将所有的内容都传授给学生，所以只能进行有效筛选，进而对学生进行引导，帮助学生完成任务。第三步要求教师对不同单元的知识进行梳理，明确不同写作单元的相同点和差异，进而在教学的过程中有所侧重，帮助学生对不同的知识内容进行学习和掌握。

教师在写作教学过程中，需要将自己提炼出来的核心知识转变为写作教学知识，但是由于写作教学知识具有机械化和生硬的特点，且晦涩难懂，所以教师不能将提炼出来的这些内容直接传授给学生，如果直接进行教学就会适得其反。教师要积极将写作教学的知识转变为教学知识，进而帮助学生加深对这些知识的理解。在教学过程中，为了有效提升教学组织能力，教师需要从以下几方面出发：第一，教师要从个人实践经验出发，将写作知识转化为教学知识，比如在进行"观察顺序"这一写作知识的讲解时，先引导学生对生活中的人和事物进行观察，再顺势将观察顺序这一知识点传授给学生，帮助学生加深对这一知识点的掌握。第二，教师还可以利用优秀作文示范的方式进行写作知识的教学。语文教师在进行专业的写作知识教学时，如果遇到一些学生难以理解的知识点，可以借助一些例文向学生进行知识传授，进而帮助学生理解写作知识。比如在进行"缩写故事"这一知识点的讲解时，教师就可以通过一些缩写故事的例文帮助学生理解。第三，教师还可以通过任务驱动的方式进行写作知识的教学。任务驱动就是指在教学过程中根据写作知识设计教学任务，让学生在解决任务的过程中理解知识。比如统编版四年级上册的《写信》就是一个写作任务，在教学过程中教师可以设置一个特殊的场景——给自己远方的亲戚或者朋友写信，以此来表达自己对他人的思念。而在写信时就需要考虑信件的格式和要求，这时教师就可以将写信的规范和要素传授给学生。

（四）整合线上教学资源与线下教学资源

从目前的语文写作教学情况来看，仍然有一部分教师没有对教材内容进行深入仔细的研读。导致这一问题的一个重要原因在于教师不会对资源进行有效利用，有的教师表示自己在教学过程中不知从哪里寻找辅助教学的资料，只能依赖学校统一发放的教材。在实际的教学过程中，很多语文教师同时承担其他工作，没有充足的时间来进行自我提升，更没有足够的时间来对教材内容进行深度挖掘，这就导致语文教材的价值得不到充分展现，最终在进行写作教学时无法取得理想的教学效果。因此，充分利用线上教学资源，实现线上教学资源和线下教学资源的有效整合就成了教师对教材进行研读的重要方式，也成了拓展教学资源的有效途径。

总而言之，教师通过整合线上教学资源与线下教学资源的方式能够获取多种帮助学生进一步加深对写作教学认识与理解的途径，进而对自身以往的教学进行反思。因此，语文教师在教学过程中需要合理利用各种线上平台与线下渠道，充分挖掘有用的教学资源，扩大个人知识库，为写作教学提供有效帮助。

三、进行教学方法创新，根据教学需求灵活应用

在进行写作教学时，要积极创新教学方法，根据不同的教学内容和教学需求选择不同的教学方法，力图取得更好的教学效果。在写作教学中，教师能否灵活运用不同的教学方法也充分体现出教师个人教学能力的大小。

（一）根据不同题材选择差异化的教学方法

通过对语文教材中的写作题材进行整理分析可以发现，其中的题材类型非常丰富，主要包括生活类型、自然人文类型、阅读类型和社会类型等多种不同类型。生活类型的写作题材主要是指与个人生活联系紧密的内容，包括人们在生活中遇

到的人、事、物等；自然人文类型的写作题材主要是指学生亲眼所见的一些自然景观或者建筑风景等；阅读类型的题材主要是指学生在阅读一些作品之后的个人感受或者理解；社会类型的题材主要是指社会中的一些现象和问题，这一类型的题材创作要求比较高，通常需要学生结合社会问题提出看法。

由此我们也可以发现，小学语文教材中如此丰富的写作题材类型能够有效满足学生的写作需求，并且可以从不同角度提升学生个人的写作水平。通过比较可以发现，在这些题材当中，生活类型的题材最多，社会类型的题材最少，这也在一定程度上表明教材对于生活类型题材的重视。尤其是对于小学生来说，生活类型的题材更能让学生产生共鸣，因此创作也更加容易。语文教师在教学过程中更需要了解不同学生的需求，只有这样才能使用更为有效的教学方法，进而取得更好的教学效果。在语文教材中，生活类型的题材主要要求学生对自己周围的世界进行仔细观察，进而将自己的所见所闻记录下来。课文中这一类型的内容主要包括三个方面：第一个方面是与人物相关的内容，第二个方面是与事物相关的内容，第三个方面是生活类的故事。不同方面的内容对学生的创作有着不同的要求，比如以人物为主的内容要求学生在生活中细心地观察别人，把握不同人物的特点；以事物为主的内容则要求学生积极把握生活中不同事物的主要特征；以故事为主的内容要求学生注意发生在自己身边的各种事情，并且仔细记录事情发生的经过。自然人文类型的题材着重帮助学生养成热爱大自然、保护大自然的意识。阅读类型的题材一般要求学生在阅读的过程中有所收获，这就要求学生具有主动思考的能力。社会类型的题材难度较高，在教材中所占的比例也相对较小，这一类型一般要求学生能够批判性地提出一些个人的理解和看法。

作为一名语文教师，在教学过程中需要树立正确的教学观念，只有这样才能根据不同的题材使用不同的教学方法。如果面对不同的题材都使用同样的教学方法，那么课堂教学效果便会因此而受到影响，整个课堂也会显得模式化，甚至有可能影响学生的积极性。所以，为了能够引导学生更好地融入课堂，教师需要在教学过程中学会使用不同的方法进行教学。

生活类型的题材的创作非常符合小学生的年龄与特征，小学生在面对这些内容进行写作时可以做到有事可写，不至于无从下笔。同时教师还需要对学生进行引导，帮助学生寻找个人的生活经验。比如教师可以以班级中的学生为对象，让每一名学生选择一个人，然后描述他的特征、外貌，让别人进行猜测，进而判断学生的描写是否准确，这样不仅能够有效激发学生的热情，而且能够让学生充分参与其中，提升个人的写作能力。

对于自然人文类型的题材，学生个人的体验非常重要，所以需要学生在日常生活中进行真体验、具有真感受。如果学生没有经历过某些事情，那么学生在面对这些话题时就无从下手。因此，为了帮助学生更好地完成自然人文类型题材的作文，教师需要积极对学生进行引导，帮助学生进行体验、参与实践。比如统编版三年级上册的《这儿真美》，其核心就是让学生描写一处自己游览过的景点。只有学生真正去过这些地方，才能够写出真实的、具有情感的作文。教师在引导学生开展这一类型的作文创作时，可以使用视频和图片来对学生进行引导，让学生欣赏全国各地的一些美景，然后通过小组合作的方式鼓励学生交流，讨论各自去过的地方。通过情境法和小组合作学习方式的有效结合，能有效促进教师与学生、学生与学生之间的交流，丰富学生个人的认知，同时帮助学生厘清个人的写作思路，保证学生的作文顺利完成。

在进行阅读类题材写作的过程中，教师要更加关注学生阅读之后的个人感受，因为这一类型的题材写作更个性化。在这一类型题材的创作过程中，教师首先需要让学生自己完成作文，然后再进行教学。比如统编版六年级《变形记》这一习作不是简单的作文写作，而是要求学生充分发挥个人的想象力，将自己想象成一棵大树、一只蜜蜂、一只蝴蝶等。当学生完成作文之后，教师要对学生的作文进行简单的评价，再选择优秀的作文作为例文进行分析，让学生认识到自己作文中存在的不足。教师通过教学能够帮助学生进一步明确这一类型写作的要求和目的，让学生在之后的写作中进一步明确方向。学生要在写作的过程中充分展现个人的想象力，写出能够体现个人特色的作文，要将自己的写作能力充分展现出来。

在进行社会类型题材的作文写作时，教师需要引导学生更加关注人与自然、人与人之间的关系。新课标也明确提出学生要逐渐养成观察自身周围事物的好习惯，学生对社会问题的关注与这一要求不谋而合，同时还能帮助学生培养自身的社会责任感。在进行这一类型的题材创作时，要求学生对自己所学的知识进行有效运用，不断提升自身解决各种问题的能力。比如统编版六年级上册的写作题目"学写倡议书"，教师在教学过程中就应当首先告知学生倡议书的具体格式，让学生对倡议书的书写有一个基本了解。在学生了解了这一基本内容之后，教师还要对学生进行更深层次的教学，让学生逐渐走出课堂，关注社会生活中的各种内容，有效提升学生参与社会的意识和能力，积极表达个人的观点和看法，只有这样才能体现写作教学的价值。在进行"学写倡议书"这一题材的教学时，教师也可以使用任务型教学法，在写作教学之前先为学生布置任务，让学生带着任务进行写作。这样可以为学生的创作提供充足的想象空间，充分激发个人的创作欲望。在学生完成创作之后，教师对学生的写作情况进行分析总结，指出学生的不足，帮助学生进步与成长。

（二）读写结合，提升学生的写作能力

在小学语文作文教学中，不同写作要素之间具有一定的联系，但不同年级的作文教学存在一定差异。例如，小学三年级上册第一单元中的习作要求是让学生尝试写几句话介绍自己的同学，而四年级上册第二单元则要求学生将人物特点描写出来。虽然这两个写作训练都是围绕人物描写进行的，但是我们可以发现三年级和四年级对学生个人的描写要求并不相同。我们能够非常直观地看清教材中不同年级写作要素的联系和区别，其对学生个人写作能力的提升与积极进行写作教学非常重要，而且在小学语文教材的不同单元中，写作知识在阅读教学中也有渗透，所以教师在教学过程中需要巧妙利用阅读教学引导学生提升写作能力。比如统编版小学三年级上册第三单元的阅读教学目标是让学生在学习的过程中能够感受童话的魅力，充分体会童话故事中丰富的想象力，而写作要求是让学生尝试编写童话。由此可见，写作训练和阅读教学之间具有密切的联系。语文教材中的阅读教学内容是学生写作的基础，可以为写作训练做好铺垫。因此，语文教师需要在写作教学之前充分考虑阅读内容与写作教学的联系。但是在教学过程中，语文教师不能顾此失彼，应当从全面的角度出发，有效促进两者的融合，促进学生语文素质的综合发展。在进行写作训练《国宝大熊猫》时，教师首先要认真阅读课程标准和单元的相关内容，明确本次写作要求是让学生对一种事物进行描写。统编版三年级下册第七单元中的三篇课文分别是《我们奇妙的世界》《海底世界》《火烧云》，教师在进行这三篇课文的教学时，要帮助学生理解课文中的不同要素，告知学生在描写一种事物时应当怎样进行描写、从哪些角度进行描写，这样学生写作文时就会更加轻松。总而言之，在小学语文写作教学中，教师要充分实现读和写的深度融合，帮助学生加深对课文的理解，有效锻炼学生的写作能力，促进学生写作水平的提升。

小学语文写作教学的最大特点就是生活化，所以教师可以利用生活化写作的教学模式进行写作教学。从这一角度进行写作教学可以帮助学生做到为生活写、写生活、养成生活化写作的习惯。第一步"为生活写"的意思是指写作教学的目的本身就是为生活写，并不是为了帮助学生应付考试。第二步"写生活"是指学生在写作过程中需要充分结合个人的生活经验，将自己的生活经验当作写作素材。第三步"养成生活化写作的习惯"，只有这样才能保证学生将生活与写作充分融合，让学生更加热爱生活，并且激发学生创作的热情，不断拓展个人的创作素材，为创作打好基础。因此，教师需要根据实际情况选择不同的教学模式进行教学，让学生爱上写作。

四、优化写作教学过程

教学过程是教学的重点。为了进一步提升作文教学的效果，教师还需要不断优化教学过程，引导学生深度参与，通过这一方式来实现学生思维的转变。在实际的教学过程中，由于传统教学的局限性与教师习惯性的教学方式，教师常常通过讲授法直接将一些写作知识和技巧传授给学生，虽然教师将写作套路教给学生是希望学生能够因此提高个人的作文成绩，但是对于学生来说，他们的学习过程却有可能因此而受到影响。学生无法自主进行探究和学习，会直接套用教师传授的技巧，这样的教学并没有真正提升学生个人的写作能力，反而将学生禁锢在一定的范围内。因此，要想帮助小学生有效提升写作能力，教师需要在写作过程中不断优化教学过程。

（一）激发小学生的写作兴趣

为了帮助小学生进行深度学习，教师在进行写作教学之前，需要为学生营造良好的教学环境和教学氛围，引导学生进行深度学习。深度学习不是通过知识的传授就能够实现的，而是需要学生处在一个相对轻松的环境，同时将学习的内容与个人生活进行联系，进而通过体验和实践加深对这些知识的理解。因此，为了激发学生学习的兴趣并且爱上写作，教师需要从学生的角度出发分析学生的学习需求，尽可能为学生创造一个良好的教学情境。

课堂是学生学习的主要场所，因此在教学过程中，教师需要在课堂上积极营造轻松和谐的氛围，使学生以更加轻松的心态进行学习。如果学生在学习的过程中无精打采，对写作的内容也不感兴趣，就会导致整个课堂过于沉闷枯燥，学习效果自然无法有效提升。相比之下，宽松和谐的氛围是保证学生实现深度学习的重要保证。因此，教师需要认识到学生的主体地位，以学生为中心展开教学。在教学过程中，教师的态度对学生有重要作用，教师在教学过程中需要积极对学生进行情感引导，鼓励学生进行倾诉和表达，教师在教学过程中也要保持温和的态度和诚恳的语调，只有这样才能保证课堂氛围的和谐，进而更好地调节学生的心境。对于小学生的写作要求，教师要保证适度合理，因为小学生的写作水平有限，不论写作要求过高还是较低，都无法有效提升学生的写作能力，反而会适得其反。如果教师为小学生写作提出了较高要求，学生写作时就会有较大的压力，一旦无法完成作文，就会质疑个人能力，进而越来越厌恶写作；而当写作的要求较低时，学生通过写作无法得到较大的收获，对于个人成长起到的作用也非常有限。比如四年级的小学生在写作时，一般要求其将作文内容表达清楚即可，但是很多教师认为表达清楚远远不够，还需要将细节描绘出来，用高年级的要求来对中年级的学生进行要求，这不仅无法帮助学生提升写作水平，而且有可能让学生对写作产生恐惧。此外，教师还要学会对学生的作文进行欣赏，及时给予学生鼓励，唤醒学生个人写作的热情，比如教师可以将不错的作文在班里朗读，让学生产生自豪感，使其更愿意写作，同时还能让其他学生获得一定的启发。

创设教学情境本身就是营造良好课堂氛围的一种重要方式，所以语文教师要尽可能将生活情境与学生生活联系在一起。生活是基础，要想写出好的作文就需要植根于生活的土壤当中，不断从个人的经验中汲取养分。所以，语文教师不能忽视生活的重要性，要积极引进生活化的素材，让小学生产生写作的动力，唤醒小学生的记忆。比如统编版四年级上册的习作《小小"动物园"》，教师就可以利用多媒体播放一些动物的视频和照片，激发小学生的写作热情，唤醒小学生大脑当中和动物相关的内容，进而为写作提供素材。

总之，在语文写作教学中，为了能够有效激发学生的写作热情，教师需要认识到创设情境的重要性，要积极对学生进行引导，帮助学生树立正确的价值观，然后积极地对生活内容进行观察和反思，最终创作出能够展现学生真情实感的文章。

（二）提升学生深入思考的能力

作文是学生思维方式的一种外在表现，所以教师在进行写作教学时还需要注重培养学生的思维能力与写作能力，帮助学生学会深度思考。在学生写作的过程中，思维能力起着至关重要的作用。虽然在其他学科的教学当中也会对学生的思维能力进行培养，但是写作教学中的思维训练与其他学科的思维能力培养并不完全相同。语言与思维具有十分密切的联系，一个人的思维需要依靠语言进行发展，同时语言的存在也离不开思维的作用，思维停止运行，语言就失去了意义。由此可见，在写作教学过程中需要对小学生积极进行思维训练，思考也是进行写作的前提。然而在目前的写作教学中，很多教师并没有针对学生开展思维训练。心理学研究表明，写作思维主要包括逻辑思维能力、形象思维能力、灵感思维能力等。在写作教学过程中，开展思维训练能够保证作文具有深度，能够从立体化的角度出发对学生个人的思维能力进行培养。

在培养学生思维能力的过程中，首先要积极通过不同的方式对学生进行思维训练，比如设计思维导图、列提纲等。思维导图能够有效激活学生个人的思维，这是帮助学生进行思维训练最为有效的方式之一。当学生在写作过程中无从下手时，就可以延伸思维导图，明确写作思路。除了总结思维导图之外，教师也可以在写作教学之前引导学生列出写作的提纲，对个人写作思路进行梳理，充分展现学生的个性。不论是设计思维导图还是列出写作提纲，都需要注意适度合理，不能过分看重这一环节，要为学生保留足够的思考空间。

不同的写作思维需采取的训练方法也不相同。一般来说，小学生的写作思维主要包括形象思维、抽象思维和创造性思维。形象思维在小学生的写作思维当中具有基础性的作用，所以应当着重进行形象思维训练，然后才是抽象思维训练和创造性思维训练。在培养学生的抽象思维时要先提升学生的分析能力和概括能力，这是学生个人思维发展的中心环节。创造性思维是整个写作思维训练过程中的核心，代表了学生写作思维当中的高级部分，所以为了有效提升学生个人的写作思维，教师要针对不同思维能力的提升选择不同的训练方法。比如在进行形象思维训练时，要引导学生对事物进行感性认识，细心观察生活中的事物。当然，还要积极培养学生个人的想象力，通过激发学生的想象力，保证学生写出的作文更具特色。创造性思维的训练尤为重要，相比较而言，创造性思维强调的是学生在写作时能够结合自己的生活经验，最终创作出符合写作主题的作文，而创造性思维能力较弱的学生只能模仿和照抄，写出的作文没有任何新意。由此可见，在为学生开展写作教学的过程中，教师要着重提升学生的思维能力，为学生独立思考提供能力保障。

促进学生个人的思维发展，也是落实作文深度教学的有效措施，同时与新课程标准的要求相吻合，这也契合当今时代进行教学改革的需求。

（三）开展对话式教学

学习是一种对话式的活动，学生在这一过程中，不断与教师、教材等对话才能获得知识。因此，在教学过程中教师和学生要进行平等交流，通过对话的方式认识作文教学的价值。之所以要进行对话式教学，是因为这种教学方式符合小学生的身心发展规律，能够充分体现出儿童的天性。开展对话式的课堂教学代表着课堂不再是一言堂，教师在教学的过程中需要积极引导学生进行交流，实现与学生的共同进步，有效提升学生的写作兴趣。同时，对话式的教学方式能够帮助学生明确写作思路，进而在写作的过程中更加顺畅。比如在小学四年级语文《小小"动物园"》的教学中，为了让学生更加主动地写作，教师要通过对话的方式唤醒学生的记忆，让他们围绕个人经历谈论与动物园相关的内容，进而丰富个人写作的素材。

在教学过程中进行交流互动是非常重要的。教师与学生、学生与学生之间的交流，能够体现出作文教学的对话特征。教师在教学过程中也应当认识到作文教学的重要性，不能过度注重理论知识的教学而忽视写作教学，应当积极进行写作教学，加强写作教学和其他教学之间的联系，为学生写作能力的提升奠定良好的基础。

五、建立以学生为核心的教学评价体系

写作教学评价主要是指针对学生写作学习效果的评价。通过评价，教师能够有效把控学生的写作水平，对学生的写作情况进行有效监控，进而根据学生写作过程中存在的问题及时对学生进行指导，为学生写作能力的提升做好准备。由于长期受应试教育的影响，教师在对学生进行评价时，往往以学生的考试成绩为主，这种结果导向性的评价方式与新课标的教育理念相违背，无法有效提升学生的写作能力，更无法促进学生的全面发展。因此，学校有必要积极进行改革，以学生为核心构建新的写作教学评价体系。

（一）发展性评价理念

对于写作教学的评价，需要保证其具有发展性的特点，要在学生成长的过程中，对学生进行持续性的评价。因为每一名学生都是独特的，不同学生的思维方式和个人经验也是不同的，所以教师不能按照固有的标准进行评价，而应当根据学生在写作教学中的表现对学生进行客观评价。"一刀切"的评价理念，不仅无法对学生进行准确评价，而且有可能让学生产生消极的学习心理。而进行写作评价的目的在于教师把握学生的写作能力和写作过程中存在的问题，促使教师及时调整教学内容，促进学生写作能力的提升。但是很多语文教师对写作评价缺乏正确的理解，他们认为写作评价就是对学生的作文进行检查，并且根据作文水平打分，没有意识到作文评价的终极目的在于帮助学生掌握写作技巧，进而提升学生

的写作水平。很显然，错误的评价观念会影响写作评价应有的效果，最终阻碍学生的成长。因此，为了不断提升小学生的写作水平，教师在进行写作教学评价时，要以促进小学生个人的发展为核心，建立发展性的评价理念。

（二）多元化的评价主体

为了保证教学评价的实际效果，在对学生进行写作评价时，还要保证评价主体的多元化。新课标明确表示对学生进行写作评价时要丰富评价主体，除了教师评价，还需要注重学生的自我评价，为学生提供自我修改的机会，将写作评价的优先权掌握在学生的手中。在以往的作文评价中，都是教师一个人对整个班级的作文进行批阅，学生不会参与其中，这就导致学生评价的主体性逐渐丧失。而在新课标的要求下，为了保证写作评价的实际效果，开始采取多种评价方式共同进行，可以让学生自评，学生自评的方式能够帮助学生提高个人的自我修改能力。也可以进行学生互评，学生互评的方式能够让学生在评价他人作文的过程中发现他人的写作优势，进而加以学习和借鉴。最重要的是，学生互评的方式能够保证作文评价的公平性。还可以让家长参与学生作文的评价，通过家长参与，让家长对孩子的作文水平有一个充分的了解，进而对孩子进行更好的引导。总而言之，在写作教学评价中，评价权不应当单独掌握在教师一个人手中，而应让学生和家长共同参与，只有这样才能保证写作评价的公平公正，促进学生写作水平的有效提升。

（三）优化评价标准

写作的标准是教师对学生个人的作文进行评价的重要依据。因此，教师在对学生的作文进行评价时，需要有客观科学的评价标准，只有这样才能将学生的写作水平真实地展现出来，进而为教学活动的开展提供更好的参考依据。

不同的学生存在一定的差异，学生成长过程中的发展规律也会导致不同学生的知识储备具有差异性。比如在写作的过程中，有的学生擅长利用文字进行情感表达，有的学生则擅长利用文字对不同的事物进行描绘，不同学生擅长的写作内容并不一定相同，所以教师在对学生进行写作评价时要做到区别对待。学生的特殊性和多样性也要求教师保证评价标准的多元化，要充分体现每一名学生的特点。

我们发现，传统的写作教学评价主要局限在书写格式、标点符号等层面，而评价结果以分数和等级为主，无法从立体化的角度对学生进行评价，这就导致部分学生在写作的过程中模仿和照抄一些优秀范文，而教师又不一定能够发现，这就影响了评价的公平性。因此，教师优化教学评价标准至关重要，这不仅会影响学生的情感表达，而且对学生未来的写作有着至关重要的影响。

总之，在对学生写作进行评价时，教师要做到以学生发展为核心，利用教学评价对学生进行引导，鼓励学生提升个人语文素养，进而提升学生的写作水平。

第四章　小学语文口语交际教学

口语交际不仅在人与人的交往过程中起到了重要作用，而且已经发展成政治、经济、文化、教育等实践活动中需要使用的基本手段。从古至今的很多事例向我们证明了口语交际至关重要，比如晏子使楚、完璧归赵等，都离不开较强的口语交际能力。特别是中华人民共和国成立之后，中国之所以能够在世界舞台上取得重大成就，离不开周总理和其他优秀外交人才的口语交际能力的发挥。

当今社会，口语交际能力仍然至关重要，甚至渗透到了我们生活的方方面面。现在的很多职业离不开口语交际，以教师为例，他们在教学过程中就需要具有较强的口语交际能力，既要与学生进行友好的交流，同时还要与其他教师、学校领导、学生家长等保持良好的沟通。因此，需要从小对学生进行口语交际教学，培养学生的交流能力，帮助学生未来更好地融入社会。

第一节　当前小学语文口语交际教学现状、存在问题及其产生原因

为了能够了解小学语文口语交际的教学情况，笔者进行了一次小规模的调查。在本次调查中，被调查教师的数量为 260 人，被调查学生的数量为 360 人。通过对本次调查问卷的结果进行分析可以了解小学阶段语文口语交际课程的基本教学情况及其中存在的问题，进而结合问题进行深层次的探讨，为当前小学语文口语交际教学改革提供有效参考依据。

一、口语交际教学现状分析

通过对调查的相关数据进行综合分析可以发现，小学语文口语交际教学中的某些问题仍然比较突出。下面对比较具有代表性的几个问题进行论述。

（一）口语交际教学学生参与度不高

在调查中发现，在目前的小学语文口语交际教学中，学生参与度不高的问题非常明显，大多数情况下教师只让优秀学生参与。在调查的班级当中，学生全体参与度不高的问题非常普遍，这也从一定程度上说明小学阶段口语交际教学的效果并不理想。从数据结果可以发现，认为个人倾听能力较强的学生占 52.2%，认为自己表达能力较强的学生占 37.7%，认为自己具有语言优势的学生占 10.1%；而在语文教师中，认为自己倾听能力较强的占 20.9%，认为自己表达能力较强的占 63.2%，认为自己具有语言优势的占 15.9%。这几项数据表明在小学语文教学中，教师与学生对于口语交际的整体认知存在参与意识不足的问题。

另外，语文成绩在 80 ~ 100 分的学生大多认为个人的口语交际能力相对较好，这部分学生所占的比例为 66.5%，而且这部分学生大多对口语交际教学具有较大的兴趣。语文成绩在 60 ~ 80 分的学生大多认为自己的口语表达能力比较一般，他们对口语交际教学的兴趣并不高，这部分学生所占的比例为 25.2%。60 分以下的学生认为口语交际比较困难，这部分学生所占的比例为 8.3%。这些数据说明学生的语文成绩和个人语言表达能力具有一定的联系，一般来说，语文成绩越好，个人口语交际能力就越突出。

从这两方面的数据可以发现，在口语交际活动中，学生的参与性相对较低。由于受应试教育的影响，考试成绩仍然是教师对学生进行评价的主要依据。在语文教学过程中，很多教师没有将口语能力的提升看作每一名学生需要具备的基本能力，所以一般只会针对优秀学生进行口语交际教学，这在一定程度上减少了口语交际教学的对象群体。部分语文教师本身就对口语交际教学缺乏明确的认知，导致其在实际的教学过程中教学进程的开展比较缓慢。

（二）教师对口语交际教学存在认识偏差

笔者对小学语文教学观念的调查研究结果显示，30% 的教师对小学语文口语交际教学有所了解，54% 的教师对小学语文口语交际教学并不是很了解，还有16% 的语文教师对小学语文口语交际教学并不了解。从这一项数据可以发现，小学语文教师对口语交际课程的整体认识存在一定不足。

在"您平均多久上一次口语交际课？"这一问题中，有 20.3% 的教师选择两周左右会上一次，40.8% 的教师选择一周上一次，还有 33.1% 的教师选择一周上两次，剩下的教师则表示自己上口语交际课的时间不固定，这一项调查也在一定程度上体现出语文教师对于口语交际课的忽视。

通过这两项调查的数据可以发现，目前很多语文教师对口语交际教学的认识仍然停留在表面，未能深刻认识到口语交际教学所具有的重要价值，他们认为进行口语交际教学就是让学生学会说话，所以在实际的教学过程中总是抱着走过场的心态。也有一些语文教师表示进行口语交际教学的难度较大，不知道具体应该怎样上课，更不知道应该怎样对学生进行引导；而对于小学生来说，口语交际教学比较枯燥，以上种种，对口语交际课程的整体效果起到了一定的制约作用。

（三）口语交际评价效果有限

针对口语交际教学的评价，"在口语交际课程教学中，您是否会对学生进行及时有效的评价？"这一问题中，有 53.1% 的教师表示自己会及时对学生进行评价，有 33.1% 的教师表示自己没有对学生及时进行评价，剩下 13.8% 的教师则表示自己会借助一些形式对学生进行评价。在"您在口语交际课程教学当中的考核方式是什么？"这一问题中，有 35.0% 的教师表示自己基本不会进行考核，有 54.2% 的教师表示自己会定期进行考核，剩下的教师则表示自己会根据实际情况选择是否进行考核。这两个问题的调查结果也充分说明教师对口语交际的教学评价不够重视。

近几年来，我国小学语文口语交际的教学仍然处于自然发展的状态，很多小学并没有将口语交际纳入语文教学的整体规划。缺乏科学的口语交际评价，对口语交际课程的开展和学生个人交际能力的提升会产生重要影响。首先在教学中，因为教师没有实施个性化教学策略，在班级内部存在明显的两极分化现象，那些口语交际能力较强的学生，锻炼机会更多，而那些口语交际能力较差的学生缺乏进一步锻炼的机会。再加上很多教师在教学过程中没有将教学与考核进行有效融合，只是简单地将语文知识点作为课程教学的核心任务，无法充分调动学生的学习积极性，所以在进行口语教学时也是单方面的知识输出，无法实现与学生的良性互动。口语交际能力较强的学生，他们可以积极主动地参与学校的各种交际活动，让个人的交际能力得到进一步锻炼。反观那些口语交际能力较弱的学生，不仅不会积极主动地参与各种活动，而且有可能因此影响个人今后的学习生活。

二、小学口语交际教学过程中存在的问题

（一）忽视学生兴趣的培养

基于小学生特定的年龄阶段，在对小学生开展教学时最突出的一个问题就是学生的注意力难以有效集中，但他们同时又具有强烈的表达欲望，所以进行小组讨论时往往非常热烈。此外，在目前我国小学语文口语交际教学过程中，存在明显的忽视学生主体性的问题，教师只会僵硬地进行口语交际技巧及相关知识的传授，忽视了对学生个人学习兴趣的激发。

很多教师在进行统编版小学一年级上册口语交际《我们做朋友》教学引导学生进行自我介绍时，通常只会按照课本中的"说话的时候要看着对方的眼睛"来要求学生。但是这种只传授表达技巧的教学方式对于学生口语交际能力的提升非常有限。只有激发学生的表达欲望，让学生产生希望与他人认识的想法，才能更好地结交朋友。所以，教师在教学过程中要注重对学生进行引导，帮助学生感受与朋友共同玩耍的乐趣，这样才会让学生拥有交际的兴趣。

语文的"文"有两种不同的含义，这个字代表的不仅是文字，而且是一种人文情感。我们从语文的工具性和人文性两个特点可以发现，情感在语文教学中有着不可忽视的作用，在口语交际中，情感也是至关重要的。很多语文教师认为小学生的理解能力较差，涉及思想情感的内容他们不一定理解，所以在教学过程中将教学重点放在了表达技巧的讲解上，忽视了对学生交往兴趣的培养。但是准确地讲，口语交际课程只是为学生提供了一个获取交际知识的渠道，如何帮助学生通过这一渠道获取知识，并且提升个人的交际能力，促进学生在与他人交往的过程中更充分地利用这些知识才是口语交际教学的关键所在。从目前的实际教学情况来看，由于教师在教学过程中过于注重知识和技能的传授，忽视了学生个人情感的培养，导致学生学到的只是一些缺乏真情实感的交际术语，对于学生个人交

际能力的提升效果并不大。

（二）忽视了良好交往习惯的养成

与书面表达相比，口语交际可以让人们利用语调语气、表达节奏等更加准确地进行情感表达，同时还可以借助面部表情和身体动作进一步强化表达效果。尤其是对于那些语言模式还没有成形的小学生来说，更应当积极地对他们进行训练，在训练过程中帮助他们养成良好的交际习惯和表达技巧。如果在教学过程中利用书面的习题代替口语训练，口语交际教学便形同虚设。在口语交际教学过程中，单纯利用书面的读写只能获取一些理论知识，无法让学生掌握更多有效的交际技巧。口语交际教学作为一项实践性比较强的教学活动，在教学过程中应反复训练才能有所收获，在条件允许的情况下，教师可以积极为学生的交际训练营造良好的教学情境，让学生身临其境，进而更好地进行锻炼。然而部分教师忽视了实践的重要性，在教学过程中往往只是进行知识和技巧的传授，然后就为学生布置练习题目，认为学生做对了题目就是学会了口语交际。比如下面这一道题：

你在与同学玩耍时不小心推倒了同学，你想要向他道歉，以下哪一种道歉方式是正确合理的？（　）

A. 对不起，但我不是故意的，你应该原谅我才对。

B. 对不起，虽然是我的错，但你反应快一点也可以躲开的，不能怪我！

C. 对不起，我不是故意的，可以原谅我吗？

D. 对不起，下次你再还给我可以了吧？

从这里可以发现，问题的重点在于通过具体的语言情景提升学生合理运用语言的能力，而在四个选项当中，A、B、D 三个选项基本可以排除，但是如果考虑到语气、语调等内容，答案就失去了应有的说服力。所以在口语交际教学过程中，使用这种书面的选择题对学生的口语交际能力进行考查，局限性相对较大。

利用书面的测试代替学生的实际训练就会忽略在交往过程中对学生良好交际习惯的培养，显然这种考核方式并不可取。小学阶段的学生刚刚进入学校，思维模式单一，他们对那种呆板的口语交际内容并不感兴趣，书面交流的对象是模式化的，对方不会根据交流内容当场向学生做出回应，整个过程是单方面的，所以能够取得的实际效果非常有限。但实际上，口语交际教学强调的是学生个人的亲身体验和亲身经历，所以只有让学生不断体验和锻炼，才能逐渐形成良好的交际习惯和交往态度。

（三）忽视了日常交际知识的积累

新课标明确指出，口语交际教学和识字教学、阅读教学、写作教学具有同等重要的地位。因此，在教学过程中应当充分认识到口语交际教学的重要性，并且发挥其提升学生语文素养的作用。在实际的教学过程中，我们发现口语交际教学一直处于边缘化的地位，得不到语文教师的重视。在统编版的小学语文教材中，每册只有四个口语交际的话题，这样的设计本身是为了将口语交际教学与其他的教学进行有效融合，实现口语交际的常态化教学。但是在实际教学过程中，语文教学的课时本来就不多，再加上部分教师随意进行教学时间的更改和压缩，导致进行口语交际教学的时间更加缺乏，甚至有的语文教师直接忽视口语交际教学的存在，这些行为都是不应该的。

首先，部分教师在教学过程中随意更改口语交际教学的课时。因为部分教师认识不到口语交际具有的重要地位，所以会在教学过程中擅自将口语交际课程改为其他内容的教学，没有将提升学生个人的交际能力当作重要的教学目标。在实际的教学过程中，没有按照课程表的要求进行教学，而是利用口语交际教学的课时进行其他内容的教学，再加上学校本身过于注重笔试成绩，导致语文教师不得不将更多的时间用来进行考试技巧的传授，甚至会直接跳过口语交际教学。

其次，虽然有的语文教师在教学过程中没有更改口语交际教学的时间，但是对其进行了一定的压缩。这部分教师认为帮助学生进行口语交际教学不能有效提升学生个人的成绩，所以只是匆忙地组织学生进行口语交际学习，走过场的问题非常严重。比如在一年级的《我们做朋友》中，教师为了帮助学生学会自我介绍，会教给学生一些自我介绍的技巧，甚至有的教师播放演示文稿让学生通过填空的方式直接进行自我介绍，这样的方式很显然对学生个人口语交际能力的提升没有实际效果，甚至有时候口语交际的教学只进行到一半就用来进行其他内容的教学。在这样的教学情况下，口语交际课堂教学就失去了应有的意义，不仅课堂教学内容庞杂，而且有的语文教师忽视了口语交际教学应有的地位与作用，将口语交际教学和其他内容的教学混为一谈。还有一部分教师认为没有必要安排专门的课时进行口语交际的教学和训练，最终导致口语交际课程形同虚设。

从学生的角度来说，这样的教学现状必然会对学生个人的口语交际能力造成负面影响，比如在课堂上学生的发言会偏离交流话题。导致这一情况的原因主要包括两方面：一是学生个人认知存在问题，无法准确把握话题中心；二是学生个人能力不足，无法把握话题的发展方向。所以在为小学生开展口语交际课堂教学时，经常会出现学生越说越远的情况，导致交流的内容偏离课堂的主题。同时，学生的发言还存在缺乏条理的问题，往往第一件事还没有说完就开始谈论另一件事，另一件事没有讲清又反过来谈论第一件事。之所以在小学口语交际教学当中出现这些问题，与口语交际课时不足有很大的关系。

（四）忽视了不同措施的有效协同

小学语文教材中对于口语交际课程的安排并不多，再加上课时有限，所以教师在教学过程中往往只能借助教材中的例子进行引导训练，无法推进口语交际训练的常态化发展，更无法将现实生活中的相关内容与口语交际教学进行有效融合。口语表达的基本要求就是快速反应、表达流畅，要实现这样的目标就必须保证学生掌握充足的词汇量。但是对于小学生来说，他们学习语文的时间不长，相关知识的积累也处于起步阶段，在进行表达和交流的过程中自然无法做到反应快速，再加上词汇匮乏等问题，往往导致个人的语言表述生硬，这便是教师在教学过程中没有及时引导学生进行知识积累而形成的。

除了不注重知识积累之外，学生还无法有效做到知识的内化。中国语言博大精深，很多字词所表示的并不只是表面的含义，比如"赤"所指代的不仅仅是红色，"春雨"代表的不仅仅是春天的雨。很多词语在不同的情境里代表的内容也不相同，而且我们一看到某些词语就会自然地产生相对应的情感，比如我们看到"落叶"时不仅能够想到落叶，而且能想到秋天，同时产生落寞等情感。因此，小学语文教师在为学生开展口语交际教学时，必须注重对学生的引导，帮助他们在日常的学习和生活中积极进行知识的积累，并且将积累的知识内化。由于受应试教育的限制，众多语文教师在教学过程中过度关注学生分数，无法有效促进学生对优秀作品的内化，导致学生更加缺少真实的素材，在这样的情况下，即使掌握再多的表达技巧也于事无补。

（五）忽视了口语交际的互动性

口语交际并不是简单地将听和说进行相加，而是包括对话、讨论、商量、辩论等多种形式。很多语文教师认为小学生的表达能力相对较弱，缺乏充足的生活经历，所以针对小学生开展口语交际教学不仅浪费时间，而且无法取得理想的效果。因此，很多小学语文教师将口语交际教学当成了简单的听说训练，将口语交际变成了单向的表达。

笔者在小学调查的过程中发现，有一位语文教师在进行《我说你做》一课的教学时是这样开展的：

教师在上课之前告知学生今天的教学主题，并且明确告知学生今天通过做游戏的方式进行学习。教师首先向学生介绍了游戏规则，并且亲自进行示范：教师喊口令，然后学生根据教师的口令做相应的动作。在教师介绍完游戏规则之后，要求学生按照小组进行，在小组中，一名学生说口令，其他学生按照口令做出相应的动作。最后会选择一个表现优秀的小组代表到讲台上发布指令，然后其他学生要按照指令做相应动作。当学生站上讲台之后就会变得紧张，说话和动作都显得非常怯懦，但是这时候教师却没有对学生进行鼓励。

从这一个游戏设计来看，教师在教学的过程中将听和说割裂开来了，听和说从根本上来讲没有实现连接，所以导致学生个人的口语交际能力得不到有效提升。这种通过游戏进行口语交际训练的方式无法取得应有的效果。通过对这一堂口语交际课堂的教学情况进行分析可以发现，在口语交际教学当中存在明显的单向表达教学情形。这就导致在教学过程中，说的人和听的人都不能及时调整个人的表达，以致学生的应变能力得不到有效提升。

同时，小学生的年纪相对较小，所以在倾听他人表达时无法有效抓住对方表达的要点，在听的过程中容易走神。他们在表达时极容易出现内容混乱、缺乏条理等问题，最终导致表达的内容没有重点，无法进行核心思想的传播。所以在进行口语交际教学的过程中，如果将听和说单独分开训练，那么就无法提升学生个人的口语交际能力。再加上口语交际往往与心理活动、情感活动相互联系，所以只有保证互动性，才能更好地进行口语交际的锻炼，从而提升学生个人的口语交际能力。

三、导致小学语文口语交际教学存在问题的原因分析

（一）教师对口语交际教学不够重视

通过进行实际的调查我们发现，部分语文教师认为没有必要对学生进行专门的口语交际教学，他们认为小学生在成长的过程中，会自然而然地具备口语交际能力。我国开展口语交际教学的时间相对较晚，而且将口语交际纳入学校课程的历程也十分艰难，在2000年左右，口语交际这一说法才得到规范。在2011年，《义务教育语文课程标准（2011年版）》才正式将口语交际与识字写字、阅读、习作、综合性学习等共同列为语文课程教学当中的重要内容。由此可见，虽然口语交际具有重要的地位和作用，但是其发展历程却非常坎坷，受到各种因素的影响，以致众多语文教师对口语交际教学产生了错误的认知，这也是导致在小学语文教学中教师向来不重视口语交际教学的重要原因之一。由此可见，教师个人对于口语交际教学错误认知的形成与口语交际教学在我国的发展历程具有一定的联系。

虽然素质教育的基本理念已经在我国的教育领域实行了很多年，其也有效促进了我国基础教育的发展，使我国教育取得了极大的成就。但是应试教育仍在无形中对我国教育活动的开展造成了极大的负面影响，这些负面影响在短时间内是无法消失的。在应试教育的要求下，对学生的考核主要使用纸质试卷考核的方式，以学生的考核成绩为主来对学生的学习情况、教师的教学情况进行判断和评价。尽管教育改革不断推进，新课程标准也明确表示要适当降低考试的甄别作用，在教学过程中要对学生进行激励和引导，但是从目前的教育大环境来看，以学习成绩为主要评价标准的方式仍未改变，教师和家长最关注的仍然是学生的考试成绩和排名。

在这样的背景之下，教师在进行小学口语交际教学时就很容易产生功利心，

在他们看来，即使花费再多的精力和时间进行口语交际教学也无法帮助学生取得良好的成绩，更无法获得学校和家长的认可。如果自己无法取得良好的教学成绩，就很容易使个人事业的发展受到影响，因此教师不得不把更多的教学时间和精力用在识字、写字、阅读、习作等方面的教学当中。在小学教学课堂上，语文教师经常怠于对学生口语交际能力的培养，只注重理论知识和交际技巧的传授，忽视了学生个人情感体验的培养，也无法引导学生进行积极主动的实践和锻炼，这些是语文教师忽视口语交际教学的直观反映。由此可以发现，教师存在明显的功利心，对于口语交际教学不够重视的情况非常严峻。

（二）口语交际能力的考核体系无法发挥作用

在小学语文口语交际教学当中存在的问题从根本上来说，与口语交际能力考核体系的作用无法发挥具有一定关系。在教学过程中，考试对教学的方向具有重要指引作用，所以对于口语交际课程来说，考核评价方式很显然存在较大的问题，平时的单元测试、期中考试、期末考试都没有对学生的口语交际能力进行有效的考查。在目前小学的考试评价中，并没有与口语交际相关的内容，所以语文教师在教学过程中认识不到口语交际的重要性。因为语文老师在教学过程中是以考试内容为主要风向标，所以考试考什么上课就会教什么。小学阶段的学生心理不够成熟，所以他们内心的发展情况取决于外在的要求，当学生发现教师在教学过程中不会进行口语交际教学，同时考试过程中也没有口语交际相关的内容时，学生对口语交际的重视程度会逐渐降低，也会因此丧失学习口语交际的动机。最重要的是，小学生的独立思考能力相对较差，无法充分意识到口语交际能力的重要性，而这也是导致学生个人缺乏内在学习动力的重要原因之一。

当然，教师在口语交际课堂上的评价能力也有所欠缺，主要体现在三个不同的方面：第一方面是评价主体比较单一，在实际教学评价当中，教师不能成为唯一的评价主体。第二方面是评价维度比较单一，即对学生评价时以考试成绩为主。第三方面是评价比较泛化，教师在对学生评价时使用的评价语主要是优秀、良好等，学生看了教师的评价之后，并不知道自己未来应该如何进行学习，不能为学生未来的发展提供一个正确的方向，无法切实有效地提升学生的口语交际水平。

科学的评价不仅能够让学生了解自己的优势，而且能为学生明确指出问题，给予学生中肯的意见，让学生可以进一步提升个人的口语交际水平。

（三）口语交际教学缺乏良好的培训机制和监管机制

口语交际是语文课程的一个重要组成部分，但是对于很多语文教师来说，他们在进行口语交际教学过程中面临着诸多困难。很多语文教师没有接受过专业化和系统化的口语交际学习和训练，只能在教学过程中不断探索逐渐开展教学。由此可见，口语交际教学存在问题的主要原因还是教育管理部门及学校的不重视。不仅对于口语交际的专业研究和指导跟不上发展的步伐，甚至无法积极针对教师开展口语交际培训，导致语文教师对口语交际教学的知识掌握有限，无法支持自己进行教学。对语文教师来说，是否开展专业培训对他们个人的口语交际教学能力的提升具有重要影响。教师培训是提升教学质量的有效途径。因此，不论是相关部门还是学校，都要认识到组织教师培训的重要性，对语文教师进行系统化的口语交际培训不仅能够让语文教师个人的口语交际能力得到提升，同时还能够满足学生学习的需求。尤其是在新课标的要求下，社会对于人才的交际能力有了更高的要求，所以学校应当从小就对学生的口语交际能力进行培训。由此可见，在提升小学生语文口语交际教学的过程中，对教师进行培训并且组织相关的研究活动是非常有必要的。

由于口语交际并不在语文科目的考核范围内，导致其在教学过程中往往得不到教师与学校的重视，也无法拥有像识字写字、阅读、写作等的教学时长。在检查监督工作当中，识字写字、阅读和写作一直以来都是学校进行考核的重要内容，贯穿于整个教学过程当中，但是我们发现对口语交际教学的监督少之又少。上级领导对语文教师教学材料的检查也是以课文、作文等内容的备课情况和作业批改情况为主，没有将口语交际教学的情况融入其中。再加上口语交际自身的特殊之处，导致对其进行测试比较困难，同时又没有客观的评价标准，所以学校对于口语交际教学的忽视似乎就顺理成章了。

（四）小学生个人的口语交际能力较差

在对小学生口语交际教学中存在问题的成因进行分析时，我们不能忽视学生本身存在的问题，因为学生是学习的主体，他们本身存在的问题会对最终的口语交际教学效果产生影响。在对小学生开展口语交际教学的过程中，我们还需要从小学生自身出发进行考虑，找到其中存在的特殊问题，并且进行针对性的解决。客观来讲，因为小学生的年龄较小，个人经验相对匮乏，所以在学习过程中小学生很难自主且随心所欲地与他人进行交际。学生个人的语言能力和个人的思维具有一定关系，小学生的抽象思维处于萌芽阶段，所以很难记住抽象的事物。小学教材中有一些抽象词，一年级和二年级的教材当中也是如此，比如统编版一年级的《请你帮个忙》和二年级的《商量》，里面都涉及了一些抽象词，这与小学生所处阶段的认知方式并不相符，尤其是对于低年级学生来说难度更大。

由于小学生在进入小学之前并没有接受过专业的口语交际方面的训练，他们在进入小学之后很难在较短的时间内适应这一课程的教学节奏，包括最简单的教学环境都会对学生的学习造成一定的影响。幼儿园的教学丰富多彩，对于学生的吸引力非常强，但是在进入小学之后，教室内可以用来娱乐的内容几乎没有，课堂的整体环境也比较单一，几乎没有起到激发学生个人想象力的作用。在进行口语交际教学时多以简单的语言为主，与小学生喜欢的方式大相径庭，所以学生在学习过程中通常会觉得非常枯燥，导致最终无法取得良好的学习效果。

第二节　新课标下小学语文口语交际教学策略

基于新课标的相关要求，为小学生开展口语交际教学就非常必要。因此，小学阶段不能忽视培养学生口语交际能力的重要性，在教学过程中要积极进行教学改革，要将口语交际教学作为一个重要的教学部分，不断提升小学口语交际教学的实际效果。

一、树立科学的口语交际教学观念

从学生的发展来看，小学阶段正是他们语言发展的初级阶段，这一阶段的口语交际教学对小学生未来语言的发展具有重要的作用。在整个小学阶段，学生仍然处于发育的关键阶段，在这一阶段如何帮助学生养成良好的语言学习习惯对于学生未来的发展至关重要。从小学生个人的心理发展特点来看，这一阶段的学生具有较强的好奇心和模仿力，是培养学生口语交际能力的重要阶段，如果不能在这一时期积极针对小学生开展口语交际教学，那么他们的语言发展就会受到诸多限制。因此，小学语文教师需要积极转变教学观念，将口语交际教学提上日程，并认识到口语交际教学的重要性。在语文教学过程中，教师要借助多种不同的方式进行教学，帮助学生转变自身观念，树立良好的口语交际学习意识。

通过上面的调查可以发现，很多语文教师没有接受过专业的培训，他们对于口语交际教学缺乏充足的了解，再加上应试教育的影响，导致他们在教学过程中不重视口语交际教学。语文教师在教学过程中更加注重理论知识的传授和学生文学素养的培养，由于口语交际教学更加注重实践和锻炼，所以教师在教学过程中，不能忽视对学生的实践引导，也不能以应试为唯一目的进行教学。教师需要在教学的同时不断提升个人的口语交际教学能力，只有提升自己的口语交际教学能力，才能积极通过多样化的教学方法选择合适的教学内容引导学生学习，有效推进口语交际教学的开展，从而提升小学生的口语交际能力。

二、设立合理的小学生口语交际教学目标

首先，在为小学生设立口语交际教学目标时，需要保证口语交际教学目标符合学生个人的身心发展规律。在进行教学目标的设定时，需要根据实际情况进行一定的策划，对影响实际教学效果的教学构成、教学环境、教学过程等因素进行深入分析，保证教学目标符合学生个人身心发展特点，并且能够有针对性地促进学生个人口语交际能力的提升，进而在教学目标的引导下建立一个更加全面的小学语文口语交际教学系统。在进行小学语文口语交际教学的过程中，教学目标要切合实际情况。在以教学目标为基础进行教学时，要积极尝试使用不同的教学方式对学生进行引导，尽可能满足学生的实际需求。比如在教学过程中除了传统的教学方式之外，还可以使用日常交际、看图说话、对话问答、演讲讨论等多种不同的形式，来促进学生学习口语交际的积极性。从这一角度出发可以发现，培养

小学生口语交际能力的目标设立是非常多样化的，所以教师在设定目标时需要从学生所处的发展阶段出发，通过多种方式来激发学生学习口语交际的热情。当然，教师在设立教学目标时，还需要考虑学生的年龄、认知、心理发展情况等。

其次，在设定教学目标时还要保证目标具有层次性。在调查中发现，有一部分教师认为导致自己口语交际教学课堂效果不佳的主要原因是教学目标缺乏层次感。当前的语文教学大多以最终的考试成绩为主要的考核方式，整个教学过程过于枯燥，缺乏层次性，教师在教学过程中无法吸引学生的注意，教学效果也不尽如人意。为了能够提升口语交际教学目标的层次性，教师在设立教学目标时需要紧紧围绕语文教材，切实有效地提升学生的口语交际能力。为了能够充分满足学生的需求，教师在教学过程中要从课程、教学、技能等方面出发进行分层处理，制定详细的教学方案，让学生可以按照这一模式循序渐进地学习和发展。课程层次主要是指在教学过程中教师要对语文教材中与口语知识和技能相关的内容进行有效把握，进而帮助学生逐渐对这些内容进行全面掌握。从整个语文课程的层次来看，教师需要将口语交际教学当作语文教学的一个具体分支，进而认识口语交际教学的重要性，通过进行口语交际教学推进整个语文课程教学，提升学生的口语交际能力，最终促进学生个人能力的综合发展。

最后，设定的教学目标还需具有可操作性。在小学语文教学过程中进行口语交际教学，教师需要在进行目标设计时，保证设定的教学目标具体可行，具有较强的可操作性。在教学过程中，还需要对学生口语交际能力的提升进行具体全面的描述，通过系统化的教学将抽象的内容通过具象处理表现出来，最终提升口语交际的实际教学效果。一般来说，目标设计的可操作性包括三个方面：第一，让学生认可教师的口语交际教学方法，进而在教学过程中构建和谐的师生关系。为了有效促进口语交际教学目标的实现，教师需要对学生进行引导，尽可能帮助学生主动参与口语交际学习、积极主动地进行思考和实践，最终通过教师与学生的相互交流和深度互动取得更好的口语交际教学效果。第二，在口语交际教学目标设计时需要预留一定的调整空间，因为在教学过程中预设的教学目标和实际的教学情况不可能完全一致，这就需要教师根据实际的教学情况及时对目标进行调整，最终保证教学目标能够有效实现，同时要满足学生发展需求。第三，在具体的教学操作过程中，教师要及时与学生互动交流，有效提升学生的参与积极性，通过灵活多样的教学形式帮助学生集中注意力，同时在课堂上还要为学生提供展示个人成果的机会，给予学生足够的自信。总而言之，教师在教学过程中需要以班级为单位对学生进行积极引导，既要切实有效地提升学生个人的口语交际能力，还要鼓励学生之间积极进行互动交流，分享彼此的学习成果。在教学活动结束之后，教师还要积极对学生进行跟进调查，帮助学生进一步巩固学习成果。

在设计口语交际能力目标时，需要将低年级、中年级、高年级的学生进行有效区分。在为低年级学生进行口语交际能力目标设计时，要求学生认真倾听别人的讲话，积极主动地与他人交流，在与他人交流的过程中不随意打断他人，进而具备初步的口语交际能力。当然低年级学生在与他人的交流过程中还要保持落落大方、文明礼貌的交流态度，保持较高的交流信心。对于低年级的小学生来说，他们的口语交际能力相对较差，如何通过培养提升他们基本的口语交际能力，满足他们进行口语交际的愿望是当前的主要目标。在为中年级小学生进行口语交际能力目标设计时，需要通过教学帮助学生形成认真倾听他人讲话并加以思考的习惯，还要引导学生学会使用文明礼貌用语与他人进行交谈，在表达个人观点的同时做到尊重他人，在交流过程中逐渐融入个人情感。和低年级学生相比，中年级学生在口语交际方面的要求明显较高，不仅需要提升学生个人的口语交际能力，而且要让他们进行讨论和商量，最终通过不断实践养成口语交际的好习惯。对于高年级的学生来说要求则更高，不仅需要他们认真倾听别人讲话，同时还要积极主动地参与口语交际，在与他人交流的过程中对他人的表情动作进行细致观察。个人表达时要能使用普通话清晰地阐述个人的想法，会使用文明礼貌用语与他人进行交流。与低年级与中年级学生相比，高年级的学生需要积极主动地参与各种口语交际活动，同时在与他人交流过程中做到尊重对方、文明礼貌。对于高年级学生来说，他们要在实践的过程中培养个人能力，逐渐提升个人口语交际的积极性，最终促进个人综合能力的提升。

三、选择适合小学生学习的口语交际教学内容

（一）保证教学内容的全面性

在为小学生开展口语交际教学的过程中,需要从小学生个人的实际情况出发,为学生构建一个良好的学习环境。然后再从环境出发,引导学生形成良好的心理状态。从教学内容来看,教师在教学过程中不仅要对学生进行引导,同时还要从学生出发完善语文教学评价体系,并将口语交际的考核纳入其中,提升语文教学的整体性。新课标明确要求,教师在进行语文教学的过程中,要将小学生口语交际能力培养作为一个主要的教学内容,同时在教学过程要通过讨论交流、演讲辩论等不同的方式,在课堂内营造良好的口语交际氛围,进而引导学生根据个人实际需求进行口语交际的学习。在口语交际教学的内容方面,教师要帮助学生学会如何生动且准确地对客观事物进行描述,同时还要抓住不同的语言特点,构建一个全面的口语交际模式。

教师在教学过程中可以以课本中不同主题的口语交际课程为基础引导学生说出自己的故事,并且鼓励他们自主组织语言讲述自己在学习过程中的收获和失利,进而为之后的学习提供一个更加明确的方向。教师也可以举办故事会,通过讲故事的形式让学生大胆地走上讲台,让学生讲述自己最喜欢的故事。这样的方式不仅能够提升学生的口语表达能力,同时还能够增强个人的自信心。在选择教学内容时,教师可以组织学生进行讨论,在讨论过程中了解学生感兴趣的内容。为了保证口语交际教学的质量,教师在教学过程中还要通过个人的言行举止和表达态度来影响学生,发挥自己的榜样作用,尤其是在与学生交流的过程中,要始终保持良好的态度,不能使用粗俗的言语,更不能随便对学生发脾气,要与学生以平等的身份进行交流,在交流的过程中相互学习共同进步,只有这样才能让学生真正感受语言交流的乐趣,进而更加主动地进行口语交际练习。除了要积极与学生进行交流互动之外,教师还要引导家长与学生进行对话,这样做一是通过家长了解学生感兴趣的内容;二是可以让学生在与家人对话的过程中感受到语言的魅力。

从教学内容方面我们可以发现,中高年级的学生明显要比低年级的学生学习的内容更加丰富,因为他们已经具备了一定的社会经验,所以在学习过程中教师

可以将一些社会热点内容融入，让学生从个人角度出发进行思考和讨论。当然，课本中的内容也是学生交流的主要内容，教师可以引导学生围绕古诗词和其他课文内容进行价值意义的探讨，这样不仅能够帮助学生对课文内容进行深层次的了解，而且能在交流的过程中提升学生个人的文化素养。在学校内组织学生参与校园艺术节与其他不同主题的实践活动，让学生围绕活动的主题和活动形式积极进行讨论和活动总结，能够有效提升学生的认识深度。此外，教师还要鼓励学生积极参加学校举办的各种比赛，让学生在激烈的比赛中对个人的心理素质进行锻炼，不断地充实自己。

在口语交际教学中，倾听教育是一个重要的组成部分，教师需要在日常的教育过程中帮助学生养成认真倾听他人谈话的良好习惯，尤其是在与他人交流的过程中要始终保持高度集中的注意力，认真倾听他人讲话的内容，在遇到不理解的地方时，还要积极主动地向他人提问。养成认真倾听的好习惯不仅可以表达对他人的尊重，同时还能迅速掌握他人表达内容的主旨。在提升学生的倾听能力之后，还要通过教学让学生学会说话，或通过专项训练来切实有效地提升学生个人的交流互动能力。比如教师可以在培养学生口语表达能力的过程中设计一定的交流情景让学生身临其境，进而产生交流的意愿，积极主动地参与其中。比如在进行统编版一年级《我说你做》一文的教学过程中，教师就可以引导学生通过猜谜语的方式进行互动交流，保证每一名学生都能参与其中，有效提升学生的参与度；在进行《注意说话的语气》教学时，教师要对学生进行引导，鼓励学生主动说话与交流，同时发现学生在与他人交流时语气使用的错误之处，帮助学生进行改正，提升学生的语言表达能力。总而言之，在小学开展口语交际教学的内容非常多元，教师在选择教学内容时要尽可能保证内容的丰富全面，比如在面对低年级和高年级的学生时，要保证内容能够满足不同阶段学生学习的需求，只有这样才能保证口语交际教学的科学性。

（二）保证教学内容符合学生发展水平

培养学生的口语交际能力，不仅要通过读和听进行培养，还需要从学生个人思维、文化审美等多角度出发，通过学生与他人的对话交流，帮助学生形成良好健康的语言交际心理状态。新课标进一步明确了口语交际教学的开展需要满足学生个人的发展需求。因此，在小学开展口语交际教学的过程中，需要对不同年级的学生的学习状况进行全面分析，因为要有效提升学生个人的口语交际能力，不仅要在教学过程中进行听和说相关内容的教学，还要实现学生审美情趣的有效提升，进而保证口语交际教学满足学生的学习需求。从另一个角度来说，教师在进行口语交际教学的过程中，除了进行口语与书面语的教学之外，还需要积极对学生进行思维的锻炼，让学生可以始终保持敏捷的思维，只有这样才能在与他人交流的过程中做出有效的回应。总而言之，教师在教学过程中需要从多方面出发，综合学生个人的学习特点，让学生的语言保持精练和简洁，比如以课文教学为基础引导学生进行深入理解和体会，学习文章中的用词、用句，通过理解将其内化为个人的知识。

小学生的阅读量、信息量、词汇量都相对较小，所以在口语交际教学中，如何根据实际情况为学生布置口语交际作业，如何有效提升学生个人的知识面和阅读量是教师需要重点考虑的内容。只有有效丰富学生的阅读量，才能为学生提供丰富的口语交际素材，并且让学生在不同的场合对这些内容进行合理有效的利用，帮助学生对这些内容进行统一优化。比如在学习《望天门山》这一课时，教师可以联系《望庐山瀑布》一同进行教学，通过两篇诗词的有效融合，让学生更加深入地感受诗人笔下的壮美山河，进而引导学生将口语交际融会贯通。当然，教师在教学过程中也可以使用多媒体，定期组织学生观看影视作品，让学生观看作品中人物交流时使用的语言和动作神情；也可以带学生到图书馆阅读，这样不仅丰富了学生的个人阅读量，还可以让学生养成自主阅读的好习惯。教师要充分发挥引导作用，在学校为学生提供一个良好的口语交际学习环境，并且组织学生开展大量的口语交际实践活动，让学生在实践的过程中进行口语交际训练，不断积累相关知识，为口语交际能力的提升打下良好基础。此外，学校也要和家庭保持密切联系，尽可能为学生提供一个全面的实践环境，让学生在学校和家庭等各个场所都能够得到锻炼。

总而言之，不论是学校还是家庭都需要利用各种形式为学生开展主题实践活动，并且通过家庭与学校的深度联系，为学生提供丰富的教学资源，让每一名学生都可以获得自己需要的学习资源，最终促进个人的发展。

（三）教学内容基础化

教学内容的选择还需要以基础教学为要求，因为只有帮助学生打好口语交际的基础，才能切实有效地提升学生个人的口语交际能力，支持学生更好地与他人交流。在小学口语交际教学过程中，听和说都是进行口语交际的重要基础，所以在这一阶段如何进行听和说的教学就成为影响学生个人基础形成的关键所在。在教学过程中，教师要针对小学生设定不同的阶段性目标，结合口语交际话题，提炼口语交际教学内容。比如在进行口语教学的过程中，要有选择性地使用不同的教学方法，提升口语交际的灵活性，为学生打下一个良好的基础。

比如在统编版四年级上册的《安慰》这一教学内容中，教师需要有效把握课文的主要内容，并且积极对学生进行引导，通过具体的交流场景帮助学生学会如何使用"你还好吗？""加油，你是最棒的！"等用语，并且使用普通话准确地进行文明用语的表达。总而言之，教师要通过对学生进行引导和专业教学，帮助学生大胆、大方地进行交流，使其在与他人交往的过程中可以做到耐心倾听且主动倾诉，有效提升个人的交际意识。

四、促进口语交际教学方法情境化

（一）借助生活实践促进教学情境的丰富

对小学生来说，教学环境将会对个人学习意识及学习状态产生重要影响，所以教师在进行口语交际教学的过程中应积极促进口语交际教学方式的情境化。在教学过程中，教师要充分发挥自己的引导作用，在课堂营造一个良好的教学情境，让口语交际教学变得更加生动，能够充分调动学生参与的积极性。在构建教学情境的过程中，教师要尽可能从学生的生活实际出发，选择多层次的教学方法对学生进行教学引导，通过生活化的情境让学生产生共鸣，进而促使学生更加主动地参与口语交际的实践。总而言之，在进行教学情境构建时，要尽可能将其与现实的生活实践进行有效联系，围绕学生的学习需求进行教学，只有这样才能充分调动学生的积极性，让学生愿意说、主动说、有话说。

当然，在进行口语交际教学方法情境化设计时，要从学生个人的学习需求出发，通过系统化的教学设计，充分满足学生个人的发展需求。同时，伴随学生年级的上升及个人语文素养的不断提升，教师为学生设置的教学情境也需要逐渐发生改变。比如在口语交际教学的最初阶段，教师可以使用角色扮演的方法，在课堂构建一个生活化的口语交际场景，让不同学生扮演不同的角色进行口语交流。通过一些与学生实际生活相近的内容，引导学生相互交流，在设定的情境内提升学生的口语表达能力和文化素养。在每周的升国旗活动中，教师也可以选择一些学生参与演讲活动，将国旗下的演讲作为锻炼学生口语表达能力的重要方式，并且让学生轮流进行演讲，以此来对学生个人的心理素质进行有效锻炼，帮助他们提升自信心和文化水平。总而言之，教师在教学过程中需要积极利用学校的各种资源，帮助学生进行口语交际锻炼，让学生可以在无形中提升个人的口语交际能力。久而久之，学生就会自然而然地养成文明礼貌的交际习惯，而且能促使学生在与他人交流的过程中及时发现自身存在的一些问题和缺点，进而及时改正，促进个人的进一步发展。

除了以上的活动之外，教师还可以组织学生进行图书交换活动，每一名学生都可以将自己看过的图书与他人进行交换，这样学生不仅可以获得一本新的图书，同时还能够在与他人交换的过程中进行口语交流。这一活动不仅能够促进学生个人文化素养的发展，还能够对学生的口语交际能力进行有效锻炼。总而言之，锻炼学生口语交际能力的活动非常多样，通过引导学生参与这些活动，能够有效提升学生个人的口语交际能力，同时还能不断提升学生表达的信心。

（二）从个人兴趣出发强化思维情境

进入 21 世纪之后，社会对人才的要求越来越高，所以学校在培养人才的过程中需要从多角度出发，尽可能提升学生个人的综合素质，而口语交际能力就是学生需要掌握的能力之一。在进行口语交际教学的过程中，教师需要借助语文教材、多媒体等不同媒介，鼓励学生借助不同的口语交际方法保持与他人进行交流的热情，并且积极塑造不同的角色，学会在不同的场合使用合适的语言。每一名学生的思维特点都存在一定差异，所以教师在进行口语交际教学时需要考虑不同学生的思维特点，尽可能保证塑造的学习情境对于学生个人的发展具有促进作用。教师可以在语文教学中积极引导学生朗读，通过朗读促进学生提升个人的语言感受灵敏度，并且可以融入一些朗读技巧，让学生对口语交际产生浓厚的学习兴趣。当然，教师需要严格按照学生个人的学习基础，通过多种形式的学习渠道，为学生个人语文综合素养的提升奠定良好的基础。

语文教师在教学过程中需要积极利用互联网搜集各种教学资源，并且要对丰富的网络教学资源进行精心设计，保证情境化教学能够有效开展。不同情境下的教学内容并不相同，所以教师需要通过多样化的方式拓展教育资源，保证不同的教学情境都有足够的教学资源作为基础。教师在与学生互动的过程中，可以借助玩游戏的方式营造一个良好的互动氛围，摆脱枯燥的传统课堂，让学生更加主动地参与其中。游戏的设计也要尽可能与学生个人的生活相联系。教师在与学生互动的过程中要对学生的发言进行仔细辨别，如发现学生发言中有模糊不清的发音和错别字，既要指出学生的错误，又要积极对学生进行鼓励，帮助学生建立与他人交流互动的自信。教师也可以以现实生活中的一些事情为主题要求学生进行描述，比如下雨时，教师可以要求学生描述天气状况及下雨带来的影响，每一名学生都可以根据个人的视觉感受和心理感受自由表达。对于那些表达比较流畅的学生，教师可以给予他们一些物质奖励；对于那些表达欠佳的学生，教师则需要告知他们存在的问题，帮助他们尽快解决，帮助他们建立信心，提升每一名学生的口语交际能力。

口语交际不仅是语文课程的一部分，同时也是提升学生个人知识储备的一个重要方式，所以在教学过程中，语文教师要积极对学生进行引导，有效提升学生个人的口语交际能力，防止在教学过程中出现"一刀切"的情况。总而言之，教师在进行教学设计时不能将自己局限在固定的模式中，要根据不同年级进行教学内容设计，在教学过程中还需要根据学生个人的实际水平，有针对性地对学生进行引导，只有这样才能切实有效地促进学生个人能力的提升与发展。

比如统编版三年级上册的语文课文《富饶的西沙群岛》，教师在教学过程中就可以积极引导学生，为不同的学生布置不同的学习任务，最终通过学生之间的合作共同完成对这一课程的学习。比如教师可以要求不同的学生分别领取查字典、收集资料、总结内容大意的任务，在学生完成自己的任务之后，可以通过相互交流和讨论共同对课文进行综合学习，最终掌握这篇课文。这样的方式不仅能够提升学生自主学习的能力，还能通过相互讨论来对学生的口语交际能力进行锻炼。

五、开展切实有效的口语交际教学评价

（一）丰富评价主体

在一项教学活动中，评价有着总结收尾的关键作用。评价能够帮助学生对自我学习情况进行客观审视。但是，从当前的评价体系来看，评价内容大多集中在学生个人考试成绩方面，忽略了学生的口语交际基础与学生的日常表现。而且口语交际与文化理论课程学习并不相同，所以在进行评价时不能单纯以纸质考试成绩作为唯一评价标准。口语交际教学是一项实践性较强的教学内容，所以在教学过程中需要从教师、家长、学校等多个方面对学生的学习情况进行评价，进而保证评价的全面性和客观性。当然，评价不能损害学生个人的信心，同时还要符合学生个人的学习情况。多元化的评价主体能够促进科学评价机制的形成，进而为学生提供一个良好的学习环境。

教师需要以小学生口语交际的发展目标为基础进行教学评价标准的设计，并且设置明确细致的评价内容，评价内容要涉及日常的口语交际、辩论、采访、讨论、演讲等多方面，要为学生提升个人口语交际能力、展现个人能力提供多样化的方式。学生也要积极表达个人的理解和感受，通过多样化的方式展示个人能力。在评价活动主体方面，要尽可能实现教师评价、学生互评、自我评价、家长评价等不同评价的相互结合，尽可能保证评价主体的多元化，防止评价过于主观。一般在语文口语交际教学中，教师使用的评价主要是口语评价，大多数时候教师会在上课时进行评价，而学生个人对于口语评价的模式也可以更快地接受。由于上课过程中学生很难长时间集中注意力，因此教师讲课的内容学生并不一定能完全接受，而这也是导致教师课堂评价效果一般的原因之一。针对这一情况，教师需

要在对学生进行口语评价的过程中针对具体的实施情况进行实时调查，尽可能保证对每一名学生的评价都能够被学生接受。同时，教师还要学会使用激励性和鼓励性的语言，引导学生树立自信心。除了要对学生个人的口语交际能力进行评价之外，教师还需要对学生的倾听能力、判断能力进行一定的评价。总而言之，对于学生口语交际能力，需要在尊重教师主导性作用的基础上促进评价主体的多元化发展，全面客观地对学生个人的口语表达能力进行评价，让每一名学生都可以发现自己在学习过程中面临的问题，进而为后续的学习和锻炼提供方向。

（二）促进评价内容更加全面

学生在学习的过程中，离不开教师正面的引导，也离不开教育工作者从正面对学生做出的评判和分析。我国小学语文教学大纲也对教师评价内容的全面性进行了深刻的论述，明确表示小学教师在对小学生进行口语交际教学时，要做到内容丰富、形式多样，而这无疑进一步明确了口语交际在教学中的重要地位。因此，在针对口语交际进行评价时，教师需要明确评价的核心，充分激发学生的学习热情，最终促进学生的全面发展。教师还要巧妙利用好表扬和鼓励，根据不同的情况有效使用鼓励的方式对学生进行评价，在尊重学生人格的同时指出学生的问题，保证评价方式的多样化。对学生来说，他们更希望能够得到教师肯定的评价，所以教师在提升学生口语交际能力的过程中，应当充分关注个体差异，并且在评价时要充分考虑学生的主观感受，积极发现学生的优点，让学生感受到教师对自己的认可。只有这样才能在日常的交际当中提升学生的自信心，更好地促进他们的交际能力提升。

教师在评价之前需要对教材内容进行全面细致的研究，进而保证对学生口语评价内容的有效实施，对学生进行积极引导，组织学生开展口语交际训练。比如，口语练习《安慰》这一课，教师就可以要求学生分小组进行，按照不同的小组设计不同的场景，让学生练习相互安慰。在安慰别人的过程中让学生进行交流，教师借此来了解学生个人的表达习惯，进而针对学生的实际情况为后续教学提供依据。总而言之，教师在对学生进行评价时要有技巧，学会使用方法，在评价的同时帮助学生更好地进行交流，激发学生个人的兴趣。

（三）创新评价方法

为了有效提升学生个人的口语交际能力，不仅需要使用多样化的教材，而且需要教师实施多样化的评价。在教学评价过程中，教师要积极利用演讲、辩论、采访等不同的方式提升学生个人的口语表达能力，并且有针对性地对学生进行评价。例如对学生进行采访技能的训练，能够有效锻炼学生的对话思维；对学生进行演讲锻炼则能够提升学生个人的语言表述能力；进行辩论锻炼，能够帮助学生形成良好的逻辑能力。总而言之，教师要使用多样化的评价方式对学生的口语交际能力进行点评。

比如教师可以确定一个主题，然后要求学生完成一次短小的演讲，演讲时间为4分钟左右。让学生进行演讲，不仅能够为学生提供充足的语言发挥空间，而且能够通过学生的演讲发现学生口语表达中存在的问题，进而有针对性地为学生交际能力的形成进行塑造。为了构建多元化的评价体系，教师需要使用多种不同的方法，从学生的倾听能力、表达能力、交流能力、普通话水平等不同方面对学生进行评价，客观评价学生个人的口语交际能力。

语文课堂是促进学生口语交际能力提升的主要场所，所以在教学过程中教师需要始终保持较高的教学水平。在教学过程中，教师要充分尊重学生的主体性。通过教学有效激发学生表达和倾听的热情，让学生始终处于一个愿意交流的情境当中。为此，教师还要在课堂上为学生营造良好的口语交际氛围，让小学生进行口语交际。为了有效提升口语交际的实际教学效果，教师还要积极尝试将口语交际融入其他课程，甚至包括一些课外实践活动。在课堂教学中，教师要发挥自身的主导作用，有效规范学生的口语表达习惯和交际行为，并且根据学生的实际特点制定具体可行的评价路径，进而保证学生能够逐渐改变自己口语表达困难、交际反应迟缓等问题，让学生在任何场合与他人交流都能够做到仪态端庄、表达流畅，从而逐渐减少个人的紧张情绪，让学生可以做到自然地与他人交流。为了有效提升学生个人的口语交际能力，教师在教学过程中需要积极组织各种交流活动，让学生将口语训练融入自己的学习和生活的方方面面，最终为个人口语交际能力的发展奠定良好的基础。

六、形成家庭与学校的合力

（一）家庭环境对口语交际的重要影响

对小学生来说，因为其文学功底相对较弱，又缺乏充足的社会经验，所以在口语交际过程中会存在诸多问题。因此，为了有效促进小学生口语交际能力的发展，学校需要积极与家长达成教育共识，形成教育合力，共同提升学生的口语交际水平。在家庭教育中，家长对孩子的表达习惯和性格特征比较了解，因此家长更能够根据孩子个人的实际情况开展针对性的教育指导。家长首先可以为孩子讲述一个故事，然后让孩子进行复述，这一方式能够有效地对孩子的思维能力和口语表达能力进行锻炼。通过家长的参与，教师可以更加深入地了解学生的口语交际的实际情况，这对于提升学生个人的语文素养具有良好的促进作用。

很多教育者认为家庭环境的教育功能只是体现在家庭环境当中，事实并非如此。以口语交际教学为例，家庭环境包括语言环境、心理环境、人际环境三个方面。语言环境在人际交往过程中发挥着主要作用，家庭中人与人之间的交流会对个人的语言表达习惯形成影响。家人之间的口语交流是否文明礼貌、是否态度友好，都会对学生个人表达习惯的养成形成一定影响。另外，父母与子女之间的情感交流状态直接决定了学生的口语交流情况。相关心理学专家表示，在一个家庭氛围相对宽松的家庭环境中，孩子更易养成外向的性格，他们的口语表达能力也会更强。在孩子的成长过程中，父母是孩子的第一任德育教师和语言教师，他们对孩子心理素质的形成具有非常深远的影响。由此可见，建立一个良好的家庭语言交流环境对孩子口语交际能力的提升以及孩子未来的发展都至关重要，尤其是融洽的家庭氛围，能够让孩子的交流意识和学习能力等都得到发展，最终促进孩子良好思想品行的形成。

（二）在家庭中构建良好的口语交际环境

在创建口语交际环境的过程中，教师不仅要对学生进行科学引导，还可以借助各种方式与家长进行交流，积极促进教师与家长之间的沟通，通过家长的态度对学生个人的口语表达情况进行判断。

教师可以定期到学生家中进行家访，帮助家长建立良好的家庭教育环境。家长要在教师的引导下营造一个良好的家庭教育环境,改变不良的教养态度。比如,有的家长过于严厉,这会让孩子逐渐形成胆小、怯懦的性格,进而在与他人交流的过程中缺乏自信心;有的家庭过度宠溺孩子,易使孩子形成自私、冷漠的不良心理。教师在家庭教育当中要发挥好辅助作用,与家长形成共鸣。不论是教师还是家长,都要以开放、民主的态度对待孩子,要以身作则,保证家庭成员之间始终和谐地进行交流。作为父母更需要从正面给予孩子鼓励和引导,即使发现缺点也要积极地面对,促使孩子逐渐养成友好坦诚的态度,使其在口语交际过程中更加自信、大方。

从以上内容可以发现,在家庭教育中父母发挥着至关重要的作用。因此,父母需要以身作则,并且积极对孩子进行正面引导,有效提升孩子个人的责任感和学习热情,进而在家庭中营造良好的学习氛围。家长和教师要保持沟通交流,及时交换孩子的学习情况,共同形成教育合力,最终帮助孩子逐渐提升个人的语言认知,为孩子创造一个良好的教育环境。总之,孩子口语交际能力的提升离不开家庭的作用和家长的影响。因此,需要家庭和学校共同发挥作用。

下篇　新课标下小学语文教育的融合发展

　　小学语文教育的融合发展是新课标的重要方向。小学语文教育通过与劳动教育、德育、美育及信息技术等内容融合，不仅可以丰富语文教育的内涵，而且为学生提供了更加广阔的学习和成长空间。

　　通过将语文教育与劳动教育融合，可以培养学生的实践能力和动手能力，让他们在实际操作中感受语文知识的价值与意义。将语文教育与德育融合，可以引导学生树立正确的价值观和道德观念，培养良好的品德和行为习惯。将语文教育与美育融合，可以激发学生的审美情趣和创造力，培养他们对美的感知和欣赏能力。而将语文教育与信息技术融合，可以帮助学生更好地利用现代科技手段进行语文学习，提高信息获取和处理的能力。总之，通过与不同领域的融合，我们可以更好地满足学生的多元需求，培养他们的综合能力和创新思维。

第五章　小学语文教育与劳动教育的融合

将劳动与教育进行结合，是促进人全面发展的有效方式和重要途径。随着时代的发展，劳动教育已经逐渐引起了大家的重视，有越来越多的学校开始进行劳动教育，并且充分利用自身条件来开展劳动教育。但是，在具体的开展过程中仍存在诸多问题，导致劳动教育的效果非常有限。语文是小学教育的基础学科，本身具有非常强烈且明显的人文性特征。因此，完全可以将劳动教育渗透到语文教育当中。

第一节　小学语文教育与劳动教育融合的现状

劳动是人类生存和发展的重要基础。开展劳动教育能够有效促进学生的全面发展。因此，在小学教育中开展劳动教育刻不容缓。下文以小学语文教育和劳动教育的融合情况为主题进行调查，通过对相关数据进行分析，了解小学语文教育与劳动教育的融合情况，并且进一步分析融合过程中存在的问题，进而为策略的提出提供相关依据。

一、小学语文教育与劳动教育融合的现状调查

（一）调查设计与调查实施

1. 调查目的

促进小学语文教育与劳动教育的相互融合，提升小学生的综合素质，促进小学生的全面发展。因此，通过对小学语文教育与劳动教育融合情况的调查，及时发现小学语文教育与劳动教育融合过程中存在的问题，进而为发展策略的制定提供有效依据。

2. 调查方法

本次以问卷调查为主，同时配合访谈法。笔者在 X 市的三所小学进行了问

卷调查，并与 30 位语文老师进行了访谈，访谈的语文教师不仅包括语文教研室的主任，还包括新入职的语文教师及资历相对较深的语文教师，覆盖面相对广泛。通过进行面对面访谈，直接了解语文教师在教学过程中对小学语文教育与劳动教育融合情况的感受。

3. 样本分析

本次问卷调查主要是以网络调查的方式进行，在本次调查过程中共有 262 人参与了线上问卷调查，其中有效的问卷有 260 份，有效率为 99.2%。填写调查问卷的小学语文教师男女比例为 23.1% 和 76.9%。

（二）调查结果分析

对相关数据进行整理和分析可以发现，其中男教师共有 60 名，约占被调查教师比例的 23.1%；女教师有 200 名，约占被调查教师总数的 76.9%。其中负责小学低年级学生教学的教师有 112 名，约占被调查教师比例的 43.1%；负责小学中年级学生教学的教师有 87 名，约占被调查教师总数的 33.5%；负责小学高年级学生教学的教师有 61 名，约占被调查教师总数的 23.5%。

以上便是参与问卷调查的小学语文教师的基本情况。通过对小学语文教师的调查问卷进行总结分析，大概数据情况如下所示。

问题一：您认为您所在的学校是否重视劳动教育？

对于这一问题，有 20.1% 的教师认为学校非常重视劳动教育，有 37.7% 的教师认为学校重视劳动教育，有 34.2% 的教师认为学校对于劳动教育一般重视，还有 8% 的教师认为学校不重视劳动教育。由此可以发现，在调查的小学语文教师中只有 8% 的语文教师认为学校对劳动教育并不重视，另外的教师则认为学校对劳动教育持重视态度。

问题二：您认为班级内的学生劳动意识是否强？

在对这一问题的调查中发现，有 10.4% 的教师认为学生大多具有较强的劳动意识，有 75.8% 的教师认为学生的劳动意识比较一般，还有 13.8% 的教师认为学生几乎没有劳动意识。

问题三：您所在的学校是否开设了专业的劳动教育课程？

通过数据整理可以发现，有28.1%的教师表示自己所在的学校已经为小学生开展了专门的劳动教育课程，有71.9%的教师认为自己所在的学校并没有开设专门的劳动教育课程，对自己学校是否开设劳动教育课程并不清楚的教师所占比例为0。从这一项调查中可以发现，大部分学校并没有针对小学生开设劳动教育课程。

问题四：学校哪些课程教学当中拥有劳动教育的内容？（多选题）

在这一问题中，共有校本课程、各学科课程、综合实践课程、劳技课程及均有开展五个选项，各个选项的比例分别为35%、8.9%、62.7%、43.2%和0。从数据中可以发现，认为综合实践课程当中拥有劳动教育内容的教师相对较多，认为各类课程都具有劳动教育内容的教师比例为0。

问题五：您在语文课程教学中是否会对学生进行劳动教育？

在对这一问题的调查中可以发现，有11.1%的教师认为自己会经常在语文教学中进行劳动教育，有21.6%的教师认为自己会在语文教学中进行劳动教育，有66.6%的教师认为自己偶尔会在语文教学中进行劳动教育，还有0.7%的语文教师认为自己没有在语文教学中对学生进行过劳动教育。

问题六：您是否会在教学过程中对语文教材中的劳动教育内容进行深度挖掘？

针对这一问题，有3.4%的教师表示自己在教学过程中会对教材中的劳动教育内容进行深度挖掘，有31.9%的教师表示自己会根据实际情况需要对教材中的劳动教育内容进行挖掘，有56.5%的教师表示自己在语文教学过程中几乎不会对教材内容中的劳动教育内容进行挖掘，有8.2%的教师表示自己不会在教学过程中对劳动教育内容进行挖掘。

问题七：您认为小学语文教育与劳动教育相互融合的主要依据是什么？

在这一项调查中，有0.4%的语文教师认为小学语文教育与劳动教育在融合过程中主要就是将劳动教育读本与学科教学进行融合，有26.2%的教师认为小学语文教育与劳动教育融合的依据是实现两者内容之间的相互融合，有73.4%的教师认为小学语文教育与劳动教育融合的依据是要根据学生的实际需求选择相对应的教育内容进行融合。

问题八：您在开展小学语文课程与劳动教育融合教学时是怎样进行备课的？（多选题）

在这项调查中，有 19.6% 的教师表示自己在小学语文教育与劳动教育融合过程中主要是通过查阅相关资料进行备课的；有 64.6% 的教师在进行备课时主要是通过上网查询相关资料，将其与学生的实际劳动知识进行融合；有 77.3% 的教师是按照学校提供的劳动教育内容开展劳动教育；有 59.2% 的教师是与其他老师交流进行备课的；另外还有 18.9% 的教师在备课时会选择其他的方式。

问题九：您在语文课堂上通常会花费多少时间进行劳动教育？

在这项调查中，大多数语文教师表示只会偶尔提到劳动教育的内容。选择 5 ~ 8 分钟结合语文课本的内容进行劳动教育知识讲解，强调劳动教育重要性的占 6.9%；选择用一两分钟时间根据课本内容选择带过的教师占 21.2%；偶尔提到劳动教育内容，大部分时间并不会进行劳动教育的教师占 71.9%；在语文教学过程中，从来不进行劳动教育的教师占比为 0。

问题十：您在语文教学过程中会使用什么方法进行劳动教育的融合？

在这一项调查中，有 19.6% 的教师选择使用知识讲授法，有 12.7% 的教师通过情境教学法来实现语文教育和劳动教育的相互融合，有 29.6% 的教师选择通过榜样示范法在语文教学过程中实现与劳动教育的相互融合，有 38.1% 的教师在语文教学中选择通过实践体验法来实现与劳动教育的相互融合。

问题十一：您希望通过小学语文教育与劳动教育的融合实现什么样的目的？（多选题）

在这项调查中，有 43.1% 的教师希望通过两者的融合教育让学生更加热爱劳动人民，有 63.4% 的教师希望通过两者的融合教育帮助小学生养成良好的劳动习惯，有 27.2% 的教师希望通过两者的融合教育来帮助小学生掌握一定的劳动常识，有 40.0% 的教师希望通过两者的融合教育让小学生学会珍惜劳动成果，还有 28.5% 的教师希望通过两者的融合教育帮助小学生明白参与劳动实践的意义。

问题十二：您认为在小学语文教育中进行劳动教育的效果如何？

有 0.8% 的教师认为在小学语文教育中开展劳动教育效果很好，应当在之后的教学中长期坚持，并且实现语文教学和劳动教育的深度融合；有 58.9% 的教师认为在小学语文教育中进行劳动教育的效果非常一般，应当在两者融合的过程中不断进行调整，进而提升劳动教育的效果；有 21.8% 的教师认为在小学语文教育中开展劳动教育的效果微乎其微，所以并不提倡小学语文教育与劳动教育相互融合；还有 18.5% 的语文教师认为语文教育和劳动教育的融合是一种可有可无的形式。

问题十三：您在小学语文教育和劳动教育相互融合的过程中遇到了哪些问题？（多选题）

有 36.9% 的教师认为自身的劳动意识相对较弱，所以在语文教学过程中无法有效实现小学语文教育与劳动教育的有效融合；有 55.8% 的教师认为自己在语文教学过程中并没有发现能够将劳动教育融入其中的内容；有 49.6% 的教师认为将劳动教育融入语文教学中过于刻意，难以有效开展；有 66.9% 的教师认为将语文教育和劳动教育进行融合的任务相对较重，而语文课程的课时相对不足，导致语文教育和劳动教育的融合效果非常有限；还有 21.5% 的教师认为没有好的融合教育方法，这也是影响语文教育和劳动教育融合效果的原因之一。

问题十四：您认为以下哪些措施能够有效推进小学语文教育与劳动教育的融合？（多选题）

有 40.4% 的教师认为应当提升语文教师个人的劳动意识和劳动素养，只有这样才能在小学语文教学过程中有效实现语文知识和劳动教育知识的相互融合；有 37.7% 的教师认为在教学过程中应当建立专业的素材库为教师提供丰富的素材，只有这样才能有效实现语文教学内容和劳动教育内容的相互融合；有 18.9% 的教师认为应当组织语文教师积极进行互动交流，共同参与语文教育和劳动教育的融合活动；有 17.7% 的教师认为应当积极对语文教师进行培训，提升他们在语文教学中融入劳动教育内容的专业能力；有 40.8% 的教师认为应当充分利用好语文课堂和校园内外环境，在多种因素的共同作用下促进语文教育内容和劳动教育内容的相互融合。

二、小学语文教育与劳动教育相互融合的基本现状

语文教师在进行小学语文教育与劳动教育内容融合的过程中存在一些比较突出的问题，主要体现在以下几个方面。

（一）小学语文基本教学情况

一方面，很多小学语文教师在语文教学过程中将语文教育与劳动教育进行融合的意识正在不断加强，他们能够主动地进行两者的相互融合，这是保证小学语文教育与劳动教育有效融合的动力之一。教育部印发的《教育部基础教育司2019年工作要点》明确指出，在之后的教育中需要不断加强中小学的劳动教育，并且要将中小学教育的劳动教育内容纳入学生的成长档案和综合素质评价当中。在这一文件颁发之后，越来越多的中小学认识到了劳动教育的重要性，并且在学校内部开设了劳动与技术的相关课程，利用多种资源来推进劳动教育的开展。也有一部分学校开始尝试劳动教育与其他学科之间的相互融合，尤其是与语文课程的融合，因为语文课程本身就具有渗透劳动教育的优势。因此，语文教师在教学过程中可以根据语文课程的内容对人物进行分析，有效提炼课程内容的主题，根据语文课程的内容开展劳动教育。事实也充分证明，在语文教学过程中开展劳动教育，实现语文教育和劳动教育的相互融合是小学开展劳动教育的有效途径。

另一方面，很多小学在推动语文课程和劳动教育融合的过程中能够根据实际的教学需求来进行。语文教师能够充分将理论与实践进行结合，在实践过程中不断探索。尤其是以小学生的个人劳动意识、劳动水平和劳动能力为基础，选择符合小学生的劳动内容进行教学。同时还根据学生个人的年龄与心理发展水平，向小学生传授不同的劳动知识和劳动技能，有针对性地促进劳动教育和语文教育的融合，有效提升劳动教育的实际效果。有一部分语文教师在语文教学过程中能够做到从实际情况出发，根据不同年级学生的需求选择不同的教学内容。比如对于小学低年级的学生，教师通过播放影片的方式来进行引导，有效加深了小学生对劳动的认知，提升了学生的劳动情感。针对小学中年级的学生则可以在语文教学过程中为学生布置一些简单的劳动任务，让学生学会自己动手，以此来提升学生的劳动意识，帮助小学生养成良好的劳动习惯。而对于小学高年级的学生来说，

在语文教学过程中则可以开设专业的劳动教育板块，积极组织语文课外活动，让学生在活动的过程中加深对劳动实践能力的认知。

（二）小学语文教学过程中与劳动教育融合存在的问题

其实在小学教学过程中，劳动教育一直存在，只是学校没有认识到劳动教育的重要性，所以忽视了这一工作。现如今随着时代的发展，劳动教育的重要性已经逐渐得到大家的认可。但是通过调查却发现，很多小学的劳动教育开展效果并不理想，尤其是小学语文教育和劳动教育的融合一直都存在多方面的问题。

第一个问题是小学语文教育在与劳动教育融合的过程中，两者缺乏明确的融合点。很多小学语文教师认为要实现语文教育和劳动教育的融合，就要在进行语文教学过程中简单地对劳动教育进行讲解，在涉及劳动教育相关内容时进行一定的阐述。正因如此，很多教师找不到合适的切入点，在促进劳动教育与小学语文教育融合时，无法找到明确的融合点，限制了语文教育和劳动教育的相互融合。在调查中已经发现，大多数教师在教学过程中只会偶尔提及劳动教育，大部分时间以进行语文教学为主，之所以如此是因为没有找到很好的融合点，导致教师在教学过程中不知所措，无法有效地开展融合教学。

第二个问题是劳动教育在语文教育中融合的效果非常不理想。很多小学语文教师试图将劳动教育的相关内容渗透到语文教学当中，以此来提升小学生群体热爱劳动人民、培养良好劳动习惯、珍惜劳动成果的素养，但是在调查中却发现，这样很难取得理想的效果，尤其是在目前，这一效果不容乐观，只有 0.8% 的教师认为语文教育和劳动教育的融合效果较好，可以长期坚持下去。这一数据也足以说明，在当前阶段，语文教育和劳动教育的融合效果非常一般。

第三个问题是在语文教学中实现语文教育与劳动教育内容融合的方式非常单一。在教学过程中使用什么样的方法，将对最终取得的教学效果产生直接影响，语文教学中使用的教学方法非常多样，因此如何在语文教育和劳动教育融合的过程中选择合适的教学方法是教师需要重点考虑的内容。虽然在语文教育和劳动教育内容融合过程中可以使用知识讲授法、情景设计法、榜样示范法、实践体验法等不同的方法，但是在实际的调查中发现，教师使用最多的仍然是传统的知识讲授法，这就无法有效调动学生的积极性，也无法组织学生参与实践，导致整体教学效果非常有限。

三、小学语文教育与劳动教育进行融合存在问题的原因分析

从前面的调查可以发现，小学语文教育与劳动教育在融合过程中仍然存在一些问题，研究导致这些问题的原因能够进一步加深我们对问题的认识，进而更好地提出解决措施。

（一）融合难度相对较大

对调查结果进行分析总结后发现，将劳动教育的内容有效融入小学语文教学中难度相对较高。一些小学生认为劳动教育的相关内容并不会纳入期末考试，所以劳动教育的内容并不重要，对于个人成绩提高也没有影响。如果将劳动教育的内容融入语文课程，会压缩自己进行语文知识学习的时间。因此，很多学生将劳动教育当作一门休闲娱乐的课程，这便在无形中增加了两者融合的难度。而且对于学生家长来说，他们更加关注孩子的文化课成绩，忽视了劳动教育的重要性，他们认为只要孩子的文化成绩好，那么所谓的劳动都可以不用做，这样的认知在无形中对孩子的思想产生了影响，很容易导致学生产生错误的思想认识。

劳动教育的内容复杂烦琐，要将其渗透到语文教学当中本来就是一件非常困难的事情，这在无形中为语文教师的教学带来了更大的难度。劳动教育的内容具有开放性和实践性的特点，而语文教育的内容理论性相对较强，所以两者的融合和渗透会对原有的语文课程教学造成一定的冲击。实现劳动教育和语文教育融合的难度较高，也是导致小学语文教师在教学过程中只会偶尔花几分钟时间进行渗透教学的重要原因之一。

（二）缺乏良好的理论指导和实践指导

很多人对劳动并没有一个正确的认识和充分的理解，在大多数人看来，劳动代表着进行体力劳动，忽视了劳动教育还需要进行必要的知识和技能的培养。劳动教育除了体力劳动之外，还包括脑力劳动。专业的劳动教育知识教学，能够提升学生个人的劳动意识和劳动兴趣，帮助学生树立正确的价值观。尤其是在近几

年，劳动教育开始逐渐在学校开展，并且得到了大家的重视，所以小学在开展劳动教育的过程中，还面临着定位不准确、标准不统一等问题。虽然我们发现知网中有关劳动教育的研究文献很多，但是明确讲到语文教育和劳动教育相互融合的文献却非常少，更没有为劳动教育在语文学科中的渗透提出有效建议。所以，在语文教育和劳动教育相互融合的过程中，缺乏良好的理论指导和实践指导。虽然有一些学校在国家相关政策的引导下，制定了在小学语文教育中渗透劳动教育的举措，并且通过将两者进行融合自主研发了专业的校本课程，但是我们仍然可以从这些内容中发现明显的形式主义。劳动教育和语文教育之间的融合没有得到真正落实，融合工作具有一定的盲目性。

（三）缺乏多样化的教学评价

教学评价主要是指利用一定的标准和手段对教学活动和教学结果进行判断，在这一过程中需要充分参考教学目标和教学过程，只有这样才能更加科学准确地对教学进行评价。教学评价包括评价主体、评价方式、评价手段等多个部分，评价主体和评价方式的多元化能够实现评价的多元性，通过多元化的评价主体和方式对教学情况进行评价，能够进一步保证评价结果的准确性和客观性。尤其是在小学语文教育与劳动教育相互融合的过程中开展评价工作，不仅需要对国家颁布的相关政策进行学习，而且需要结合实际的教学情况建立完善的评价制度。但是从实际情况来看，当前小学语文大多是以小学生的期末成绩为主要依据对学生进行评价，不仅评价内容单一，而且评价主体也较单一。最重要的是评价结果和语文教育与劳动教育的融合毫无关系。因此，这样的评价方式对于小学语文和劳动教育的融合并没有促进效果，也无法促使劳动教育在小学语文教学中不断渗透。

（四）小学语文教师的个人素养有待提升

小学语文教师个人的专业能力和个人素养也会影响小学语文教育与劳动教育的相互融合。通过本次的调查可以发现，有将近 66.9% 的教师认为语文教学任务繁重，再加上课时不足，所以没有足够的时间来进行劳动教育与语文教育的融合；还有 55.8% 的教师认为在语文教学中没有很好的契机进行劳动教育的渗透。这两方面的问题从本质上体现出了语文教师个人素养较低的问题，他们不具备在语文教育教学过程中进行劳动教育渗透的能力。从调查中也可以发现，大多数语文教师只是在教学过程中偶尔提到劳动教育的内容。因此在当前阶段，不断对小学语文教师进行教学培训，提升语文教师的综合素质，是保证语文教育和劳动教育融合发展的必然措施。最重要的是要在这个过程中不断提升语文教师打破学科界限的能力，进而在教学过程中发现语文教育内容和劳动教育内容的契合点，加速推进彼此的相互渗透。

对以上内容进行总结后可以发现，在小学语文教育中进行劳动教育知识的渗透仍然面临多方面的困难。如果这些困难得不到有效解决，劳动教育与小学语文教育的融合进程必然会受到影响。因此，学校有必要从实际情况出发探索解决措施，顺应新课标的教学要求，实现小学语文教育与劳动教育的深度融合，在无形中提升学生的劳动意识和劳动能力。

第二节　小学语文教育与劳动教育融合的策略

通过调查和收集的相关资料可以发现，在小学语文教育教学过程中实现语文教育内容和劳动教育内容的融合，需要遵循必要的原则，同时还需要针对现存问题积极探索可行的解决措施，只有这样才能有效提升教学效果。

一、促进小学语文教育与劳动教育融合需要遵循的原则

（一）潜移默化的原则

小学阶段是学生性格形成的关键时期，这一阶段的教育对于学生未来的发展影响重大。所以，如何在小学语文教育教学中实现语文教育内容和劳动教育内容的融合非常重要。在当今时代，小学生的自主性非常强，尤其是小学高年级的学生，他们具有明显的个人判断和个人认知。在教学过程中，如果教师只会进行理论知识灌输，必然会让学生产生厌烦心理，这样不仅教学效果非常有限，而且有可能会激发学生的逆反心理。因此，语文教师在推进语文教育内容和劳动教育内容融合的过程中，需要遵循潜移默化的原则，将相关的内容在无形中传授给学生，让

学生逐渐养成热爱劳动、尊重劳动人民的优良品质。比如语文教师可以结合统编版五年级语文课本中《祖父的园子》一文对学生进行教导,文章中讲道:"祖父栽花,我就栽花""祖父拔草,我就拔草",虽然这些话语看起来非常枯燥,但是对于年少的孩童来说却充满了乐趣。教师通过这篇文章对学生进行引导,让学生明白劳动并不一定就是枯燥和浪费体力的运动,以此来鼓励学生主动承担家务,促使其在劳动的过程中找到劳动的趣味。

(二)实践体验的原则

劳动教育不等同于体力劳动,因为劳动包括体力劳动和脑力劳动两个部分。因此,语文教师在进行劳动教育时,不能忽略脑力劳动而单纯进行体力劳动的教育,在教学过程中还需要提升学生个人的劳动意识,实现劳动意识培养和劳动能力培养的全面提升。在语文教学过程中,教师除了进行理论知识的讲解之外,还可以结合实践部分进行劳动教育,让学生在实践的过程中感受劳动的意义。比如语文教师可以在口语交际教学中以劳动为主题设置讨论话题,让学生在讨论的过程中意识到劳动的重要性。还可以要求学生在放学回家之后主动帮助父母分担家务,并且以"帮助妈妈分担了××家务"为主题进行作文写作。在写作的过程中,可以分享做家务的乐趣,也可以抒发做家务的辛苦。在学校条件允许的情况下,教师还可以带领学生走出教室到校内外的实践场所感受生活,进行劳动体验。总而言之,语文教师在教学过程中要抓住语文学科的实践性这一优势,积极带领学生进行实践,激发学生的劳动兴趣,进而帮助学生形成热爱劳动的良好品格。

(三)适时适度的原则

在小学语文教学过程中进行劳动教育内容的渗透与融合,还需要遵循适时与适度的原则,有效把握劳动教育和语文教育的契合点,保证两者的融合效果。找到语文教育和劳动教育的契合点,有效实现两者的融合,会改变以前两者融合过程中存在的生硬、直白等问题。语文教师通过对语文课本内容的深入解读,将其与劳动教育巧妙地结合在一起,进而输送给学生,帮助学生对这些知识点进行有效掌握。比如二年级下册的《揠苗助长》通过一则寓言故事不仅告诉了学生在辛勤劳作的时候要尊重植物的生长规律,同时也告诉了学生要脚踏实地,不能急于求成。这篇文章通过古人的故事告诉了学生适度的重要性，在劳动的时候要遵循必要的规律，实事求是，只有这样才可能成功。在教师的帮助和引导下，可以让学生对劳动有一个更加深入的理解，并且让学生认识到适度劳动的重要性。

当然，语文教师在结合语文教材内容进行相关知识讲解时也要把握好度，不能一味地进行劳动教育的讲解而本末倒置。在实现语文教育内容和劳动教育内容融合的过程中仍然要将语文教学作为基础，否则课程的性质就会发生改变。在语文教学过程中，如果只是生搬硬套地强行添加劳动教育的内容，就无法取得良好的教学效果，而且会让学生反感。因此，在语文教育中进行劳动教育内容的渗透需要做到适度适时，同时还需要选择合适的切入点，并在教学过程中对教学内容进行深入挖掘。

二、以语文教材为基础进行课内课外内容的挖掘

小学使用的语文教材是以我国语文教学大纲为基础编写的专业用书，是小学语文教学过程中教师和学生都需要依赖的重要载体。因此，在小学语文教学的过程中，教师需要积极对语文教材的相关内容进行钻研和研究，挖掘教材当中包含的劳动教育元素，实现语文教材和劳动教育内容的深度融合，有效提升学生个人的劳动意识，培养学生的劳动情感，让学生在学习的过程中感悟劳动的意义。

（一）积极挖掘语文教材当中的劳动教育元素

统编版小学语文教材是由教育部组织编写的，不仅质量高，而且具有"美"的特质。所以，对小学语文教材的内容进行了解后可以发现，其中有很多文章包含着"劳动教育"的元素，这为小学语文教育内容和劳动教育的融合提供了良好的契机。

目前使用的统编版小学语文教科书当中共有306篇文章，与劳动教育相关的文章共有56篇，所占比例约为18.3%。通过对56篇与劳动教育相关的课文进行深入阅读和分析，可以发现不同文章所包含的劳动教育主旨有所差异，通过归纳总结，大概可以包括教导学生崇尚劳动、教导学生尊重劳动、鼓励学生辛勤劳动、教导学生诚实劳动和教导学生学会创造性劳动五个方面。

教导学生要崇尚劳动的课文有 11 篇，包括一年级上册的《上学歌》；二年级上册的《田家四季歌》、口语交际《我爱做手工》；二年级下册的口语交际《长大以后做什么》；三年级上册的口语交际《我的暑假生活》；四年级下册的《清平乐·村居》《乡下人家》，习作《我学会了》；五年级下册的《四时田园杂兴（其三十一）》《他像一棵挺脱的树》；六年级上册的《在希望的田野上》。

教导学生要尊重劳动的课文有 12 篇，分别是一年级上册的《悯农（其二）》；一年级下册的《吃水不忘挖井人》；二年级下册的《千人糕》《悯农（其一）》；四年级下册的《四时田园杂兴（其二十五）》《芦花鞋》《挑山工》；五年级上册的《慈母情深》《落花生》；五年级下册的《刷子李》；六年级上册的《毛主席在花山》《青山不老》。

鼓励学生辛勤劳动的课文有 16 篇，分别是一年级上册的《小白兔和小灰兔》；一年级下册的《胖乎乎的小手》《寒号鸟》；二年级上册的《大禹治水》《朱德的扁担》；二年级下册的《邓小平爷爷植树》《小毛虫》《李时珍》；三年级上册的《手术台就是阵地》；三年级下册的《池子与河流》；四年级上册的《精卫填海》《蟋蟀的住宅》；四年级下册的《蜂》；五年级上册的《桂花雨》；六年级上册的《三黑和土地》；六年级下册的《詹天佑》。

教导学生要诚实劳动的课文有 4 篇，分别是二年级上册的《狐狸与葡萄》；二年级下册的《揠苗助长》；三年级上册的《一块奶酪》和三年级下册的《守株待兔》。

教导学生要学会创造性劳动的课文有 13 篇，分别是一年级上册的《乌鸦喝水》《小兔子运南瓜》；二年级上册的《曹冲称象》《葡萄沟》《鲁班造锯》；三年级下册的《纸的发明》《赵州桥》《方帽子店》；四年级上册的《蝙蝠和雷达》《呼风唤雨的世纪》；四年级下册的《纳米技术就在我们身边》《千年梦圆在今朝》；五年级下册的《金字塔》。

由以上内容可以发现，在现如今小学阶段使用的语文教材当中，与劳动教育相关的教学元素非常多。因此语文教师在教学过程中，需要对语文教材的内容进行深度挖掘和把握，不断挖掘其中存在的劳动元素，并且与学生发展需求进行融合，从而有效地在教学过程中开展劳动教育，在无形中对学生进行劳动知识的传授和劳动技能的培养，将学生培养成为全面发展的优秀人才。

小学生的年龄较小，自制力相对较差，尤其是在课堂上无法很好地控制个人行为，也无法做到高度自觉地遵守课堂纪律，更无法全天聚精会神地进行学习。因此，教师在教学过程中需要结合学生的年龄和个人情况，调动学生个人的积极性和兴趣，对学生个人进行引导。在语文教学过程中进行劳动教育内容的渗透，在开始阶段不能让学生产生困惑，因为陌生的教学内容会让学生产生压力。因此，语文教师在教学过程中需要充分利用学生的好奇心理和求知欲挖掘课文中存在的趣味点，让学生更加主动地参与学习，进而加深对劳动教育内容的认识。只有这样才能防止学生在学习过程中对教学内容产生困惑，激发和培养学生心中的劳动情感。比如五年级教材中的《桂花雨》，在对这篇课文进行教学的过程中，教师可以首先设置一些问题让学生思考，如作者为什么偏爱桂花？让学生带着问题阅读课文，然后自己寻找答案。这样的方式不仅能够让整个教学变得更有趣味性，而且能够在无形中让学生对劳动产生兴趣。比如在《桂花雨》这篇文章中，作者讲到正是因为喜欢和母亲一起摇桂花树，并且能够从中感受到劳动的乐趣，所以才对桂花情有独钟。教师也可以让学生和父母一起参加劳动，从而逐渐喜欢上劳动。

在小学语文教育中，字词教育是一个重要的教学部分，对于字词的理解和学习将会直接影响到学生对整篇文章的理解。因此，在小学语文教育和劳动教育相互融合的过程中，可以先从简单的字词阅读入手，进而逐渐深入对整篇文章的理解。教师可以从文章中挖掘蕴含劳动情感的段落和字词，让学生有感情地进行阅读，从而加深理解。比如一年级的第一课就是《上学歌》，这一课是学生从幼儿园到小学的过渡，通过这一课的教学，能够让学生意识到自己已经成了一名小学生，尤其是其中的"爱学习，爱劳动"，这句话充分体现了劳动和学习是同等重要的。教师通过这一课的教学，要让学生学会劳动，并且热爱劳动。在五年级的课本当中有一篇课文《金字塔》。通过对这篇课文进行学习，不仅能够让学生欣赏到金字塔的绝妙之处，感受到古埃及人的智慧。教师还可以对课文内容进行延伸，让学生对修建金字塔的劳动人民进行了解，学习他们身上所具有的艰苦劳动的优秀品质，从而激发他们热爱劳动热爱人民的情感。在五年级还有一篇课文《落花生》，这篇课文讲的是家里的小孩都非常喜欢吃花生，于是勤劳的母亲就开辟了一块土地专门种植花生，正是因为家人在这块土地上的辛苦劳作，最终才收获了果实。这篇文章告诉我们，只要我们不断努力坚持劳动，就能够获得意想不到的收获，而且这种意想不到的收获也能够在一定程度上激发学生的劳动兴趣。

在小学语文教材中，人物是非常重要的构成要素，对其中的人物进行分析，能够有效把握作者所要传达的情感。因此，教师可以对课文中的人物进行分析，引导学生理解劳动的不易，进而促使学生更加热爱劳动、珍惜劳动成果。比如四年级下册的课文《挑山工》，这一篇课文讲述了挑山工通过辛勤劳动而取得的成就，强调了劳动的重要性，也表达了对那些用自己的辛劳和汗水为社会发展作出贡献的人的赞赏之情。在作者登泰山的过程中，注意到那些挑山工肩负重担，一步步向上攀登，速度却并不比自己慢。通过对挑山工形象的描写，刻画出他们默默付出，为社会作贡献的事迹。所以每一名学生都应当向挑山工学习，既要尊重那些为了生活和社会默默付出的人，又要养成热爱劳动的好习惯。其实在小学语文教材中还有很多相关的形象，比如五年级的课文《刷子李》描写的刷子李就是非常普通的劳动者，但是他通过自己的劳动获得了别人的认可，成为他人学习的榜样。因此教师在教学过程中，就可以以教材中的这些人物为例进行劳动教育，将他们身上具有的劳动精神传递给学生，引导学生向这些榜样人物学习，最终养成热爱劳动的好习惯。

（三）拓展课外阅读，阅读经典劳动教育文章

课外阅读是小学语文教学中的重要组成部分，不论是教师还是家长，都需要认识到课外阅读的重要性，并且要积极帮助学生进行课外阅读，丰富学生的阅读量，让学生可以获取更多的知识。小学阶段是学生身心发展和养成良好习惯的关键阶段，在这一时期引导学生进行课外阅读能够帮助他们养成一个长期阅读的良好习惯。因此在语文教学中，教师可以有目的地对学生进行引导，帮助他们拓展课外阅读，主动阅读劳动类的相关图书，实现劳动内容和语文课本的良性融合，

从而让小学生对劳动更加了解，更愿意参与劳动实践。

要想有效促进劳动教育内容在语文教育中的渗透，教师便要利用多种渠道激发学生对劳动类图书的热爱，使学生通过积极阅读相关的图书，进而对劳动有进一步的理解。尤其是语文教师在教学过程中进行劳动教育的讲解时，在适当的情况下可以借助课外图书进行辅导，通过课内知识和课外图书的相互结合保证教学效果得到进一步提升。比如在进行《悯农（其一）》的教学时，教师可以引导学生学习《千人糕》，通过课内外文章的结合，让学生深刻理解粮食来之不易的道理，进而养成珍惜粮食的好习惯。在进行习作《我学会了》的教学时，教师可以让学生课下主动帮助父母做家务，然后组织学生以《我学会了做家务》为题进行写作，提升学生做家务的技能，让学生养成良好的做家务的习惯。总而言之，在进行语文课程教学时，应实现课程内容和课外读物的结合，帮助学生加深对文章的理解，同时拓展学生的阅读，让学生对劳动有一个更深的认识。当然，在帮助学生进行拓展阅读时，也可以寻找相关的影片对学生进行引导，给学生带来更加强烈、更加直观的感受，充分激发学生劳动的兴趣。

小学生的自制力相对较差，所以无法有意识地将自身的注意力长期集中在某一件事情上。因此，教师在语文教学过程中可以帮助小学生规定阅读时间和阅读数量，让小学生有计划地进行课文阅读，进而有效提升阅读效率，防止小学生无目的、无计划地阅读。尤其是在进行课外阅读时，因为阅读内容非常丰富，涉及范围也很广，如果不能对学生进行一定的引导，学生即使花费了大量时间进行阅读，也很难取得理想的阅读效果。在学生阅读之前，教师还可以明确对学生提出一些要求，让学生将自己阅读之前就已经了解的知识和阅读以后学习到的知识分别进行记录，并在阅读完成以后交给老师，这样不仅可以帮助学生养成良好的学习习惯，加深对自己的认识，同时还可以帮助教师了解学生的学习成果。此外，学生阅读课外读物的情况还需要教师与家长从多方面进行评价，尤其是要通过学生劳动技能的提升情况进行判断，保证评价的科学性。

三、充分利用课堂教学，培养学生的劳动习惯

课堂教学是小学语文教学过程中的关键，如果能够保证课堂效率，那么就可以帮助学生更好地掌握语文课本中的相关知识。因此，语文教师在教学过程中需要把握好各个环节，处理好教学过程中的不同细节和步骤，充分发挥教师和学生的主体作用。比如教师要在教学之前对教材内容和学生进行充分的了解与研究，做好备课工作，积极对课堂进行引导。学生也需要发挥自身的主体作用，积极对课程内容进行深入挖掘，主动进行学习，并与教师进行互动交流，有效提升自身的语文核心素养。

（一）创设特定情景，开展劳动教育

要实现语文教育和劳动教育的相互融合，将劳动教育的相关内容有效渗透到语文教学当中，需要根据不同的语文教学内容，选择多样化的方式创设教学情境，开展多主题的劳动教育，让学生充分认识劳动的价值和光荣之处。

在设计教学情境时，先要选择多样化的设计方法，以此来保证可以取得不同的效果。比如通过语言进行学习情境的营造——语言能够非常微妙且准确地进行情感传达。因此，作为文化传播者的语文教师更需要在这一过程中利用好语言对学生进行教育。通过对学生进行引导，与学生进行合作，共同参与学习。另外，还可以利用新媒体技术、音频、影像资源等构建教学情境，这些元素能够给人造成强烈的感官刺激，能够吸引学生的注意力，让学生更加主动地学习，保证学习的实际效果。当然，在语文教学中进行情境创设的方式非常多，教师可以根据实际教学情况灵活选择，并且随时进行切换，保证学生始终保持精神高度集中，防止学生出现审美疲劳。

除了要保证方法的多样化之外，教师还要不断地进行劳动主题的创新，保证主题的多样化。比如以"劳动的伟大"为话题开展语文教学。习近平总书记多次强调劳动的重要性，并且明确表示在教学过程中教育者要引导学生进行劳动的学习，进而逐渐养成劳动的好习惯。所以，语文教师在教学过程中要主动将劳动教育的相关内容渗透到语文教育中，积极挖掘语文教材中体现劳动伟大之处的相关内容，引导学生学习。同时，还可以积极寻找相关课外读物或者影视资源，为学

生创造一个劳动最光荣、劳动最伟大的学习情境，让学生产生共鸣。在进行这一主题的教学时，教师可以以《挑山工》这篇课文为切入点，从学生的亲身经历出发对学生进行引导，向学生提问："当自己想要购买喜欢的东西却身无分文时应该怎么办？"当然，孩子们的回答肯定众说纷纭，教师就可以在这时介绍挑山工为了生活而辛勤劳动的故事，告诉学生要通过劳动来实现自己的愿望，帮助学生理解劳动的伟大，要利用这些故事在无形中对学生进行感染。

教师还可以以"劳动的意义"为主题进行语文教学。随着时代的发展，人们心中的劳动意识逐渐淡化，很多学生不愿意进行劳动。因此在语文教学过程中，教师可以选择能够体现劳动意义的相关课文进行教学，比如在《悯农（其一）》的基础上，选择类似于《挑山工》《劳动的开端》等文章进行教学，围绕这些内容组织学生讨论，让学生深刻理解劳动的重要性。另外，教师还可以让学生就课文中的内容进行表演，利用角色扮演的方式将课文中的内容表现出来，提升学生对劳动的热爱之情。教师还可以选择一些相关的文章，让学生进行角色扮演，通过表演的方式加深学生对劳动与课文内容的认识，最终让学生明白劳动的意义。

教师还可以选择劳动教育当中的无私奉献精神来对小学生进行教育，尤其是可以选择身边的一些案例让学生产生共鸣，进而加深对这一精神的理解。比如在抗击新型冠状病毒感染疫情时那些不畏危险、无私奉献的工作人员，他们都值得我们学习。当然，在小学语文教材中也有相关的文章和例子，比如《詹天佑》这一篇文章就讲述了主人公詹天佑克服重重困难，始终坚守在一线工地上，保证了铁路修建工作又好又快完成的故事。他在工作中不断实践，最终提出了创造性的建议，使铁路建设比原来的计划提早两年完成。这个故事可以让学生非常直接地意识到创造性劳动和无私奉献的意义。除了进行课堂教学之外，教师还可以引导学生利用其他方式进行学习，比如对课文内容进行朗读、每个人收集一个无私奉献的故事等，通过多种方式加深学生对无私奉献精神的理解。

促进语文教育内容和劳动教育内容的相互融合，本身就是一种探索与尝试。因此，教师在推进劳动教育内容向语文教学渗透时需要注意方式和方法。尤其是在创设教学情境开展劳动主题的教育时，需要选择合适的劳动教育内容，保证其与主题相吻合。只有这样才能让学生正确地认识劳动，并且被劳动精神感染。总而言之，在语文教育内容与劳动教育融合的过程中，要保证内容符合实际情况且容易操作，只有这样才能取得更好的融合效果。

（二）对教学内容进行深入解读，培养学生的劳动观念

开展劳动教育的目的在于通过对学生进行直接教育或者间接引导，进而帮助学生养成良好的劳动价值观，提升学生个人的劳动素养。劳动价值观包括劳动观念、劳动态度等多个方面，帮助学生树立良好的劳动价值观是指要让学生树立正确的劳动观念、形成积极的劳动态度。因此，在语文教育和劳动教育相互融合的过程中，教师通过对教学内容进行深入的解读，能够有目的且有效地培养学生的劳动观念。

如今很多孩子缺乏良好的劳动习惯，导致这种结果的原因是多方面的，比如家长缺乏主动对孩子进行劳动教育的意识，再加上过度追求文化成绩，导致家长在孩子成长的过程中会承担所有的家务。另外，现在的生活条件相对较好，导致孩子缺乏良好的劳动意识。因此在教学过程中，教师要充分利用语文本身具有的人文性特征，发挥语文具有的隐性感染作用，在无形中对学生进行影响，帮助学生形成良好的劳动观念。在小学语文教材中，有很多文章适合用来进行劳动教育渗透教学。比如人教版课文《剥豆》就传达了孩子需要进行诚实劳动的观念，告诉每一个孩子在劳动的过程中不能弄虚作假，更不能不劳而获。还有《桂花雨》《祖父的园子》，这两篇文章也能够让学生感受到劳动带来的快乐。当然除了以课文内容为主进行教学之外，还可以以劳动为主题开展相关的主题班会，围绕为什么要劳动、怎样劳动等问题进行讨论。教师要提前布置好任务，要求每一名学生都进行资料收集，并且提出个人观点。同时，学生还需要在家里帮助父母完成一项家务，在开班会的时候进行讨论，分享自己做家务的过程和心理感受，在讨论的过程中促使孩子形成良好的价值观念。除了主题班会之外，也可以开展辩论会，通过辩论会对学生的逻辑思维和辩证能力进行培养，让学生学会用辩证的眼光看待问题。对于学生来说，虽然参加劳动会占用一定的时间，但是通过进行适量的劳动，不仅可以让学生获得成就感，还能够让学生的生活更加充实。因此，学生参加劳动是非常有必要的。以上这些内容都是语文教师在教学过程中可以使用的方式。除了语文教材中的内容之外，教师还可以积极从生活中寻找案例，让学生产生共鸣，进而认同劳动的价值与意义。

　　劳动态度是评价一个人劳动素质的重要标准，也是人们对待劳动的心理态度。一般来说，劳动态度包括喜欢和厌恶两种不同的心理倾向。尤其是对于小学生来说，如果拥有积极的劳动态度，则能够有效促进他们的全面发展，提升个人的劳动素质。但是从当前阶段来看，小学生的劳动态度整体需要提高。通过对小学生进行调查可以发现，他们对待劳动的态度主要包括三种：第一种是厌恶劳动的，他们认为在班里倒垃圾、擦黑板、扫地等活动非常辛苦，所以对于这些劳动非常抗拒。第二种是无所谓的，他们在学校参加各种劳动就是为了完成任务。第三种是主动参与的，他们会主动参与学校的各种活动，并且非常热爱劳动。学生对劳动具有不同的观点，是多方面因素造成的，如劳动会让人感觉疲倦，还包含很多脏活累活，所以会让人在无形中产生抗拒，再加上劳动会同时消耗人们的体力与脑力，会让人产生"苦"的感觉。但是劳动心理学家在研究后表示，如果人们能以积极的态度进行劳动，那么自己的身心便会处于放松状态，即使是辛苦劳动，疲倦感也会有所缓解，最重要的是积极的劳动态度可以有效提升劳动效率。在语文教材中本身就有很多文章向我们传达了"劳动快乐"这一理念，因此语文教师在教学过程中，需要将语文教学内容和劳动教育内容有效融合，运用语文教材中的内容帮助学生认识到"劳动快乐"这一理念。比如小学语文教材中的《祖父的园子》《桂花雨》等文章，就非常直接地传达了劳动人民的快乐。教师在进行这些课文的教学时，可以采用多种方法，进而对学生进行充分有效的感染，帮助学生正确看待劳动，逐渐养成热爱劳动的好习惯。

　　除了正确看待劳动、养成热爱劳动的好习惯之外，学生还需要尊重劳动人民。习近平总书记对树立劳动最光荣、劳动最崇高、劳动最伟大、劳动最美丽的观念有重要论述，这些重要论述可以充分激发全体人民的劳动热情，充分释放个人的潜力，通过每一个人的劳动来创造更加美好的幸福生活。我国古代也有很多诗词

对劳动进行了称赞，充分肯定了劳动人民的价值。这些内容告诉我们，每个人都需要尊重劳动人民，热爱劳动成果。当代的小学生成长于物质条件较好的时代，在成长的过程中很少经历挫折，很多学生甚至不知道什么是农活。因此，语文教师需要积极地将劳动教育的相关内容融入语文教学，尤其是对于低年级的学生来说，需要教师将劳动与语文教材中的课文内容进行深度结合，充分挖掘语文教材中尊重劳动人民和相关劳动成果的内容。比如《落花生》《刷子李》等文章，都讲述了普通人通过自己的努力，最终赢得他人尊重的故事。语文教师在教学过程中要让学生学习这些故事中的主人公，学习他们的优点，同时还需要对他们保持敬畏之心。还有《金字塔》《颐和园》等文章，都将劳动人民不断劳动最终创造的劳动成果展现了出来。通过教学，不仅能够让学生感受到劳动人民的伟大之处，而且能让学生更加珍惜劳动人民创造的劳动成果。

（三）以生活实际为基础培养学生的劳动品质

语文与现实生活有着非常密切的联系，所以我们可以发现语文教材中的很多内容与实际生活息息相关。因此，教师可以选择生活中的事例来对学生进行语文教学，进而帮助学生形成勤奋劳动、诚实劳动、创造性劳动的良好品质。

帮助学生养成勤奋劳动的品质首先要让学生明白，任何幸福成果都是需要劳动来创造的，只要将劳动当作光荣的事情，便能拥有良好的劳动品质。以辛勤劳动为荣本身就是社会主义荣辱观当中的一条。因此，在语文教师开展教学的过程中也要突出辛勤劳动教育，充分结合语文教材中辛勤劳动的人物形象对学生进行指引，促进学生劳动品质的形成。比如语文教材中《手术台就是阵地》这一课，就充分体现了白求恩医生为了给伤员进行治疗而艰苦奋斗的场景。另外，还有《祖父的园子》《梦想的力量》等，都是在讲述劳动人民勤劳奋斗的故事，这些人物都是孩子学习的榜样，因此在小学语文教学过程中，教师需要鼓励学生向这些榜样学习。在学校，学生要积极参加班级和学校的卫生打扫，主动清理班级和学校内的垃圾，这些也是每一名学生都应承担的责任和义务。在家里，孩子要理解父母工作的辛苦，主动分担家务。此外，孩子还要积极参加学校组织的各项劳动活动和实践活动，养成良好的劳动品质。学校还要加强与家庭的联系，通过家庭与学校的相互配合，培养学生的劳动价值观。

进行诚实劳动教育在小学语文教育当中也非常重要。诚实守信对于任何一个人来说都非常重要，我国自古以来就非常讲究以诚待人、以信取人。在劳动中也是这样，所以要注重诚实劳动。诚实劳动要求人们在劳动过程中做到实事求是，并主动承担责任。比如人教版五年级课文《剥豆》就讲述了主人公和母亲一起剥豆比赛的故事。妈妈为了对儿子进行鼓励，本想在比赛中故意让儿子，但是最终儿子却发现自己输了。在这一过程中，虽然儿子输了比赛，但是他诚实的行为得到了妈妈的尊重。在劳动过程中，最值得我们尊重的并不在于劳动成果的多少，而在于劳动过程中体现出的个人品德。所以在劳动教育过程中，教师要通过教育引导，帮助学生确立实事求是和诚实劳动的原则。

还有创造性劳动的教育。创造性劳动不仅是指在劳动过程中要做出具有创造性的劳动成果，还包括劳动过程和劳动行为的创造性。因为劳动本身就是光荣的，通过创造性劳动能够让人们获得成就感，并且有效实现自身的价值。比如在课文《詹天佑》当中，詹天佑不断克服困难，始终坚守在自己的岗位上，最终创造性地提出了"人"字形的铁路路线，提前完成了修建计划。通过这篇课文的教学，让学生充分意识到创造性劳动的价值，鼓励学生积极进行创造性劳动，体现自身的价值。除了教学之外，教师也可以组织学生参加一些手工实践活动，让学生亲自体验创造性的劳动活动，感受创造的惊喜之处。

四、通过校内外的实践活动培养学生的劳动能力

在语文教学过程中，为了能够有效融入劳动教育的相关内容，教师还需要积极实现课堂的拓展，实现课内课外的相互结合。因为小学生个人认知能力有限，所以无法有效分清课堂内外的本质区别，但不论是课内还是课外，都可以引起他们强烈的好奇心，因此在教育教学过程中，教师要利用课堂教学积极进行接触教育，同时还要开辟第二课堂，实现课堂的延伸，积极组织课外活动并鼓励学生参与。语文教育的工具性特征和劳动教育的实践性特征的融合便可依托第二课堂来开展，这样不仅能有效提升学生个人的实践能力，让学生对劳动的内涵有充分的

了解，而且可以逐渐帮助他们形成良好的劳动意识和动手能力，最终成为全面发展的综合性人才。

（一）划分兴趣小组，共同进行学习

在新课标的要求下，小组学习的方式在学校得到了广泛的应用。因为这种学习方式充分体现了学生的主体性，能够让学生主动参与学习，加深对知识的理解，促进学生的个人发展与成长。所以，在语文教学当中我们能够看到多种小组划分方式，比如阅读小组、写作小组等。因此，在劳动教育与语文教育融合的过程中可以组织学生进行兴趣小组的划分，让学生以小组为单位对劳动的相关内容进行学习，主动了解和学习劳动教育的相关知识。通过小组划分让不同的小组在课下收集与劳动教育相关的资料，并且以小组为单位参加劳动也是对学生进行锻炼的机会，这些机会不仅能够让学生主动参与劳动，而且能对学生的辨别能力进行锻炼，让学生感受到主动学习的乐趣。同时以劳动教育与语文教育的融合为依据，还可以从不同学生的兴趣爱好出发进行划分，让兴趣相同的学生共同参与同样的劳动活动，只有这样才能充分调动学生的积极性，促进他们的全面发展。当然，在课堂上也可以以小组为单位开展一些比拼活动，以此来竞争诸如"最勤劳小组""好习惯小组"的称号，甚至可以将这些称号纳入期末的总成绩当中。

（二）发挥家庭作用，实现家庭与学校的相互合作

在培养学生劳动能力的过程中，仅仅依靠课堂教学是无法取得实质性进展的，只有家庭与学校相互协作形成合力，才能在教育教学过程中取得突破性进展，让学生真切地认识到劳动的重要性。苏霍姆林斯基认为，不论是学校还是家庭，都要拥有共同的教育信念，对学生提出的要求应统一，只有这样才能让学生不断进步。总而言之，在学生成长的过程中，家庭教育至关重要，尤其是小学阶段，学生正处于个人认知成长的启蒙阶段，只有家庭与学校相互配合，才能让学生拥有科学的认知，并且取得良好的成绩。在学校语文教学过程中，要想将劳动教育的内容充分融入，就要考虑到劳动教育的特殊之处，所以更要发挥家庭的教育作用，让学校和家庭共同参与学生劳动意识的培养，只有这样才能逐渐提升学生的劳动意识，并帮助学生掌握多种劳动技能。

为了发挥家庭在教育过程中的作用，学校可以不定期邀请家长来学校为学生讲解自己的职业及劳动的过程，让学生对社会当中各种职业有一个基本的认知，体会到父母工作的艰辛。另外，教师也可以在教学之后为学生布置一定的劳动任务，比如在学习完《剥豆》这一课后，教师就可以要求学生在回家之后帮助父母共同完成一项家务，并且记录劳动感受。这样的活动不仅能够帮助孩子体会劳动的乐趣，而且能够在劳动过程中增进父母与孩子的交流，加深父母与孩子的感情。当然，教师也要与家长积极进行沟通和交流，让家长认识到帮助孩子做好劳动教育的重要性，并且要让家长明白，在当前阶段对孩子进行劳动教育，不但不会影响孩子的学习成绩，反而会帮助孩子形成良好的品质，提升孩子的动手能力，促进孩子的全面发展。只有家长明白了劳动教育的意义，才能够更好地与教师配合，从而对孩子进行监督。比如在家里，低年级的学生可以自己刷牙、自己穿衣服，中年级的学生可以自己洗袜子、扫地，高年级的学生则可以帮助父母完成一些难度更大的家务。总而言之，要在家长的引导下，促使学生从小养成劳动的好习惯，只有这样才能保证孩子拥有更好的未来。

（三）通过实践提升学生的劳动创造能力

中华民族如今的成就，是每一个中华儿女通过自己的实践与智慧不断创造出来的。先辈们的艰苦奋斗和不断努力，为我们创造了现在的幸福生活。因此，当代人更需要对先辈们的优秀品质进行继承，养成热爱劳动的好习惯和尊重劳动、尊重劳动人民的优良品质。在智能化发展时代，我们需要培养的人才不仅是可以操作人工智能机器的人，而且是善于创造的新型劳动者。

一个人的劳动创造能力不仅能够通过个人的劳动成果体现，而且能够从劳动的过程当中让人非常深刻地感受到。比如李子柒，她将自己劳动的过程记录下来并上传到公众平台，得到了众多观众的喜爱。她的事例告诉我们：一个人能够取得成功离不开劳动，而她选择将自己的劳动过程呈现在大家面前，正是她的独特之处。因此，在语文教学过程中语文教师需要利用已有的资源对学生进行引导和教育，要充分激发学生的创造性意识，促使学生带着创造性思维参与各种劳动活动。比如在校园内，教师可以定期评比劳动标兵，鼓励孩子主动打扫卫生。在校

外，学校可以组织学生到生产车间进行参观学习，让学生感受技术发展对人们生活产生的影响，进而鼓励学生在劳动的过程中始终秉持创造性的思维，通过不断的实践提升个人的创造能力。

　　生活中充满教育，也充满劳动，所以语文教师在教学过程中要充分利用校内、校外的可用资源，积极对学生进行教育和引导，有效地将劳动教育和语文教育进行融合，帮助学生加深对劳动的理解，促使其积极主动地参与劳动。

第六章　小学语文教育与德育的融合

立德树人是教育的根本任务，在教育过程中认识到德育的重要性，并且积极进行德育，是促进人才全面发展的重要保证。学科教育是实现立德树人的重要方式，习近平总书记关于立德树人的重要论述，值得我们深入学习领会。我国义务教育阶段对提升学生综合素质尤为重视，所以在教学过程中有必要通过德育来促进学生的全面发展。尤其是新课标进一步明确了要在学科教育当中实现立德树人的目标，找到不同学科当中的德育切入点，挖掘其中存在的德育内容，对学生进行锻炼，最终实现德育的效果。

语文本身就具有进行德育的天然优势，语文教材当中的很多内容承载着德育的思想，是教师进行德育的有效资源，所以将语文教育和德育进行融合，能够取得更好的育人效果。对于小学阶段的教育来说，尤其需要促进德育和语文教育之间的融合。因为小学生正处于个人价值观念塑形的阶段，他们没有充足的社会经验和明辨是非的能力，虽然对新鲜事物具有强烈的好奇心，但是没有明确的标准，故而很容易产生从众心理。再加上传统的德育内容过于枯燥，在对小学生进行教育的过程中无法获得理想效果，因此可以将德育内容融入小学语文教学当中，通过更加灵活的方式获得德育的效果。最重要的是将两者融合，更符合小学生的个人发展需求，而且能够充分调动小学生的积极性。

因此，在教学中，小学语文教师和思想品德教师要相互配合，共同承担起小学语文教育与德育融合的责任，积极对语文教材当中蕴含的德育元素进行挖掘，从理论层面和实践层面推进德育在语文教育当中的渗透，真正落实立德树人的任务和目标。

第一节　小学语文教育与德育融合的现状

为了有效了解小学语文教育与德育之间的融合情况，作者在 X 市的三所小学进行了问卷调查，并且对 30 位语文老师进行了访谈，访谈的语文教师不仅包括语文教研室的主任，同时还包括新入职的语文教师及资历相对较深的语文教师，覆盖面相对广泛。同时，还通过网络问卷调查的方式收集到了 260 份有效的问卷。本次调查能够帮助大家了解目前小学阶段语文教育与德育相互融合的实际情况，进而准确分析其中存在的问题和产生的原因，为措施的制定提供有效参考。

一、基本调查情况

为了有效了解小学语文教育和德育的融合情况，作者针对教师群体进行了问卷调查和访谈，并通过这两种方法，进一步了解语文教育与德育的融合情况。

（一）调查目的和调查对象

1. 调查目的

本次调查使用了问卷调查法和访谈法相结合的方式，通过调查能够更加客观地对小学语文教育和德育的融合情况进行分析，发现其中存在的问题，并在此基础之上，有针对性地制定切实有效的解决措施。

2. 调查对象

小学语文教师和思想政治教育工作者。

（二）调查问卷的设计

本次调查以了解小学语文教育和德育融合情况为目的，通过参考相关学者的研究成果，设计了调查问卷。试图了解小学语文教育与德育融合的程度、存在的问题。设计的调查内容除了基本信息之外，主要包括教师态度、融合情况、课后实践等方面。在回收调查问卷后发现，在 262 份线上调查问卷当中，有效的调查问卷共有 260 份，有效率为 99.2%。

二、调查问卷的内容及结果分析

通过对调查问卷的数据进行分析总结，大概可以将调查问卷的内容划分为几个方向，分别是教师对德育与语文教育融合的态度、德育内容与语文教学之间的融合情况、课后实践和科学评价等。具体内容如下。

（一）教师对德育与语文教育融合的态度相对较好

问题一：您对于德育与语文教育的融合是否支持？

对这一问题的相关数据进行分析整理可以发现，在 260 名教师当中，有 92 名教师对这一做法持支持态度，占被调查教师总数的 35.4%；有 17 名教师对于德育与语文教育融合持反对态度，约占被调查教师总数的 6.5%；另外 151 名教师对德育与语文教育的融合持中立态度，他们认为德育与语文教育的融合可有可无，这部分教师所占比例为 58.1%。

问题二：您认为学生是否喜欢通过德育与语文教育融合的方式上课？

通过调查可以发现，有 143 名教师认为学生喜欢通过这种方式上课，所占比例为 55.0%；有 60 名教师不清楚学生是否喜欢通过语文教育与德育融合的方式上课，这部分教师所占比例为 23.1%；剩下的教师则认为学生不喜欢通过这样的方式上课，所占比例为 21.9%。

问题三：您认为通过德育与语文教育的融合是否比单独的德育更有效？

对于这一问题，有超过一半的教师认为德育和语文教育的融合比单独的德育更有效，这部分教师的数量为 152 名，约占被调查教师总数的 58.5%；另外还有 33 名教师表示自己并不清楚，约占被调查教师总数的 12.7%；还有 75 名教师认为德育与语文教育之间的相互融合不如单独的德育有效，约占调查人数的 28.8%。

从以上三个问题可以发现，大多数语文教师对德育与语文教育的融合持支持态度，他们认为将两者进行有效融合能够取得更好的德育效果，这也体现出他们认识到了语文教学当中蕴含着充足的德育元素。因此在教学过程中，教师有必要积极促进德育和语文教育之间的相互融合。

（二）德育与语文教育之间的融合有限

在调查中发现语文教师在教学过程中，会将教学内容与爱国主义教育进行

融合的占 89.0%，会将教学内容与环境保护进行融合的占 84.0%，会将语文教学内容与学生个人生命价值进行结合的约占 79.0%，会将语文教学与审美教育相关内容进行结合的占 71.0%。总体而言，教师在教学过程中将语文教育与德育进行融合的情况相对较少，所以导致语文教育与德育融合不深的问题（这一部分内容是多选调查，主要内容是教师在教学过程中会将课文与什么内容进行融合）。

问题四：在德育与语文教育融合过程中使用的教学方法有哪些？（多选题）

对这一问题的相关数据进行总结可以发现，在调查的教师当中，有 123 名教师表示自己会使用情感陶冶法进行教学，所占比例约为 47.3%；有 107 名教师表示自己会使用榜样示范法来促进德育与语文教育的融合，所占比例约为 41.2%；有 90 名教师表示自己会使用实践体验法进行教学，有 63 名教师表示自己会使用传统的讲授法进行教学，所占比例分别为 34.6% 和 24.2%。

从这一调查可以发现，虽然很多教师会使用情感陶冶的方式来促进德育与语文教育的融合，但是所占比例仍然没有超过 50%。另外，还有榜样示范法和实践体验法，所占比例也不超过 50%。这些数据都充分表明，德育在语文教学过程中的融合效果并不理想。因此，在之后的教学过程中，教师要不断创新，促进教学方法的多样化发展，选择适合学生年龄的方式进行教学，充分体现德育与语文教育融合的先进之处。

（三）课后实践和科学评价的缺失

问题五：您为学生布置的作业主要是什么类型？

通过对这一问题的数据进行分析计算，有 176 名教师为学生布置的作业主要是阅读与写作相结合的类型，这部分教师所占比例为 67.7%。有 37 名教师布置的作业主要是不同学科相互融合的类型，这些教师所占比例约为 14.2%。另外，有 27 名教师布置的作业是激发学生思维的类型，有 20 名教师布置的作业是实践探究的类型，所占的比例分别是 10.4% 和 7.7%。从这些数据我们可以发现，在布置作业的过程中，以不同学科融合为主要类型的教师数量并不多，只有 37 人。从教师布置的作业类型可以发现，其形式非常单一，无法为德育与语文教育的融合提供良好的基础。

问题六：您是否有效践行了语文教材当中蕴含的德育内容？

在这一问题上，有 184 名教师在教学过程中有效践行了语文教材当中的德育内容，这部分教师所占比例约为 70.8%；有 23 名教师偶尔会在语文教学过程中践行德育的相关内容，这部分教师所占比例为 8.8%；还有 53 名教师在语文教学过程中几乎不会进行德育内容的践行，这部分教师所占比例为 20.4%。从这一项调查可以发现，大多数教师在教学过程中能够有效地将德育内容融入语文教学中，并且在实际的教学过程中积极促进两者的有效融合，为语文教育和德育的融合发挥促进作用。

三、访谈的内容及结果分析

根据教师的访谈结果，我们能够从教师对德育与语文教育融合的态度、教师对语文教材中德育内容的挖掘、在德育与语文教育融合中的方式方法、教师德育评价与实践监督等方面对小学语文教育与德育的融合情况进行有效分析。

（一）教师对德育与语文教育的融合不够积极

A 教师表示，在实际的小学语文教学过程中，很少有教师会专门进行德育内容的教学，因为这样很有可能会影响学生的语文成绩。在小学，无论是教师还是学校更注重的是学生的个人成绩，如果在教学过程中分散注意力不仅会占用教师个人的时间，也会占用学生的时间，导致学生没有足够的时间进行文化课程的学习。因此，很多教师在进行语文教学的过程中，并不会考虑将德育与语文教育进行有效融合。

B 教师认为，在小学语文教学过程中，有计划地将德育内容融入语文教育的教师并不多，再加上学校对于德育工作不重视，在具体开展的过程中存在很多困难。虽然我国明确要求培养德智体美劳全面发展的人才，但是很多小学在培养人才的过程中，仍然是以智育为主，忽视了德育的重要性。

从对教师的访谈中可以发现，有一部分教师对于德育与语文教育的融合态度淡漠，认为德育与语文教育之间的教育理念并不相同，因此两者在融合的过程中会遇到诸多问题，甚至会影响语文教学。在我国，因为教师和学校过于注重学生学习成绩的提升，导致德育一直以来在实践中都没有得到重视。

（二）教师对语文教材当中的德育内容无法进行深入挖掘

在如今的语文教学中，教师无法将教材内容与实际生活有效联系在一起，再加上有些教材内容过于陈旧，导致教学效果并不理想。教师一直使用传统的灌输式教学方法不仅无法体现学生的主体地位，而且教师在教学过程中忽视德育，无法实现立德树人的根本目标。由于很多语文教师不会对教材当中的内容进行整体梳理，充分挖掘其中包含的德育元素，无法有效实现德育与语文教育的相互融合，因此德育的教学效果并不明显。比如 C 教师认为，德育内容与小学语文教学之间的融合具有一定的局限性，导致很多语文教师对德育并不了解，所以在促进两者融合的过程中无法充分挖掘语文教材当中的德育内容，就更谈不上将两者进行有效融合。实际上，语文教材当中包含大量爱国主义教育、生命教育、价值观教育的内容，但是很多语文教师发现不了，也不能将这些内容有效地与实际生活进行联系，进而应用在教学当中。

（三）在德育与语文教育融合中缺乏合理有效的方式方法

D 教师认为，当今很多教师在进行德育的过程中使用的是传统的说教式，这一方法过于枯燥单一，而且教学效果非常有限，甚至还会引起学生的不满。因此，在德育与语文教育融合的过程中，需要结合实际生活进行教学方式的创新，要充分体现学生的主动性，促进教师与学生的交流，进而保证德育效果的有效提升。E 教师认为，德育的方法非常单一，形式过于枯燥，在教学过程中学生的积极性不高，再加上德育内容本身就具有较强的理论性，所以在教学过程中如果不能有效进行教学方式的创新，会让整个教学课堂变得沉闷，教学效果不好自然也在情理之中。最重要的是学校没有对教师进行专业的培训，导致教师在教学过程中呈现出的教学水平不高。从以上这些内容可以发现，在德育内容与小学语文融合的过程中，教师使用的方法过于单一，无法有效营造良好的教学氛围，不仅制约了学生主体性的提升，而且极大地限制了教学效果的提升。

（四）教师德育评价和实践监督工作落实不到位

对于德育与语文教育的融合，在开展过程中面临诸多问题，同时教师对两者的融合情况也无法进行客观有效的评价。即使部分学校明确要求教师在教学过程中推进德育内容与语文教育的融合，部分语文教师在实践过程中也无法有效落实，导致德育内容与语文教育的融合受到极大的影响与制约。通过对教师的访谈结果分析发现，有的教师认为虽然在语文教学过程中也输出了德育的内容，但仅是为了完成学校布置的教学任务，只是形式化地在语文教学过程中提及德育内容，无法有效促进德育与语文教育的深度融合。对于语文教材当中包含的大量德育元素，教师没有进行深入的探索和客观分析，甚至有时候德育的内容与语文教材传达的意义并不相同。有很多教师在为学生布置了任务之后，无法对学生进行持续跟踪和监督，导致德育工作往往无疾而终。也有一部分教师认为在小学内部缺乏良好的基础设施环境，因为整体氛围的局限性导致在语文教学当中很难有效推进德育工作的开展，这也是很多教师无法持续推进德育与语文教育融合的重要因素。还有一些教师即使在语文教学过程中进行了德育，也只是为了应付上级的检查，往往课后就不再关注。

四、小学语文教育与德育融合面临的问题及原因分析

笔者对调查与访谈结果进行分析后发现，在小学语文教育与德育的融合中存在诸多问题，因此有必要对现存的问题进行整合，并探索形成这些问题的原因，进而为后续解决措施的制定提供有效依据。

（一）小学语文教育与德育融合面临的问题

在对小学语文教育与德育融合面临的问题进行研究分析时，可以从教学准备阶段、教学进行阶段和教学延伸阶段等三个阶段入手。通过分析总结，大概可以将两者融合面临的问题分为四个方面：缺乏新颖的德育观念，没有对语文教材当中的德育元素进行深入挖掘，德育与语文教育融合的方式比较单一，德育成果转化效果不明显。

第一，在教学准备阶段，最明显的问题便是德育与语文教育融合的过程缺乏

新颖的教学观念。很多教师依然将教学目标停留在教材本身，试图通过对教材的简单讲解获得德育的效果。很多语文教师在教学过程中忽视了德育的存在，整个教学过程使用的语言非常简单与枯燥，使学生在上课时无法集中注意力，不能深刻地理解教师所要传达的思想情感。比如在四年级的语文教材中有一篇课文叫作《"诺曼底号"遇难记》，如果只进行简单的讲解，学生或许只能感受到哈尔威船长个人在面临危险时仍然能够保持镇定，舍己救人。其实教师还可以引导学生从另一角度来对船长舍己救人的行为进行思考，比如，引导学生思考个人的生命安全重不重要？鼓励学生展开小组讨论，然后教师再提出自己的观点供学生参考：对每一个人来说生命都是珍贵的，因此在遇到任何危险时，我们都要尽量保护好自己的安全。当然，这并不代表要教导学生舍己为人不对，而是要告诉学生个人的生命也非常重要，要在保护好自己的前提下帮助他人。这就要求教师在教学之前积极进行准备，对教材当中的内容进行深入的研究和探索，从不同角度对教材进行分析，进而有层次地对学生进行内容讲解。总之，教师需要从多角度、运用多种方法对教材当中的德育内容进行分析，只有这样才能将教材当中隐藏的思想情感传达出来。

由于德育具有隐性和潜在性的特点，所以语文教材当中包含的德育元素不一定会直接显现出来，这就需要教师进行深入挖掘。因此，教师在教学准备阶段，需要以教学目标为基础，综合考虑学生的发展需求，不断更新教育教学理念，保证教学理念能够满足学生的发展需求。尤其是在促进德育内容与语文教材相互融合的过程中，既需要从语文教学的角度出发进行教学，同时还要考虑德育的基本逻辑，将教材当中的语文知识与德育思想充分结合起来，最终取得更好的教学效果。但目前的实际情况是大多数教师在教学过程中不能从多角度出发对语文教材进行分析，也无法深入挖掘教材当中的德育元素，大多数教师依然在使用传统的教学理念开展教学活动，所以他们无法为德育与语文教育的融合提供很好的思路。正因如此，也一直无法有效促进语文教育和德育的融合，无法发挥出语文教育应有的德育作用。

第二，在教学进行阶段，教师对语文教材当中的德育内容挖掘不够深入。小学语文教材当中蕴含的德育内容非常丰富，包括爱国主义、环境保护、生命价值教育等内容，但是在一节课中，教师无法将所有的德育内容融入。很多语文教师在教学过程中无法根据学生的实际情况选择德育内容，既没有将德育内容与语文教材进行有效结合，也没有考虑到学生个人的实际需求，不仅影响了德育与语文教育的融合，同时使德育效果受到了影响。比如在部编版的六年级语文教材中有一篇习作题目是《有你，真好》，这一习作题目的要求是与一个人进行对话，向对方表达自己最真挚的情感。语文教师在教学过程中不仅可以使用传统的教学手段进行教学，还可以借助多媒体，利用图片、音频、视频等具有视觉冲击力的手段对学生进行引导，通过小组划分的方式，让学生按照小组进行交流，分享各自的故事。在激发学生创作灵感的同时，让学生将自身更加充沛的情感展现出来，进而进行写作。在学生完成作文之后，教师可以让学生分别上台朗读自己的作文，再让其他学生点评，教师也要对学生作文中体现出来的德育内容进行鼓励，这一方式能够有效激发学生个人的情感，促进学生写作水平的提升。

从目前情况来看，小学的语文教育与德育融合仍然停留在计划阶段，不仅没有取得实质性的进展，而且德育的内容也与学生的实际生活相脱离。小学语文教材当中的写作教学以记叙文为主，单一的文体对学生的思维造成了严重的束缚，同时也影响了德育内容与语文教育内容的融合。从小学生创作的作文中可以发现，很多内容是学生自己幻想出来的，甚至作文中记录的个人经历、父母的话等并不符合实际情况。教师在教学过程中如果不能对语文教材当中的内容进行深度挖掘，不能根据课文实际情况匹配对应的德育内容，并从学生需求角度出发进行教学，自然无法帮助学生获得良好的情感体验。

在教学过程中还存在德育与语文教育融合方式单一的问题。在《义务教育语文课程标准（2011年版）》中，课程的总目的是要通过有效开展语文教学，帮助学生培养爱国主义、集体主义、社会主义思想道德和健康的审美情趣。通过高质量的教学，充分促进学生的个性发展，让学生的创新精神和合作精神得到有效提升，最终形成正确的世界观、人生观与价值观。由此可见，在开展小学语文教学的过程中，不能忽视德育内容的重要性。比如小学三年级上册第六单元的导语便是"祖国，我爱你，我爱你每一寸土地，我爱你壮丽的山河"，教师在进行这一单元的课文教学时，可以通过西沙群岛和小兴安岭等美丽的祖国河山培养学生的爱国之情。在《升国旗》这一课中，教师可以通过向国旗敬礼的场景来教学生认识国旗，同时还可以与爱国主义情感结合进行教学，让学生在活动中产生对祖国的热爱之情。另外在进行识字和写字教学的过程中，教师也可以通过看图写字、读儿歌识字等方式进行，充分调动学生的积极性，有效推进德育内容和语文教学之间的相互融合。

从目前来看，在小学语文的教学过程中，教师的教学方法单一，所以无法将教材当中蕴含的德育内容有效展现出来，无法帮助学生深入感受文本传达的情感。尤其是在进行一些晦涩、生僻的字词教学时，如果不能借助一些形象化的形式，就很难有效地帮助学生理解，至于让学生理解这些内容背后传达的感情更是无从谈起。比如在统编版三年级上册的古诗《饮湖上初晴后雨》中，诗中的"潋滟""空蒙"等词语都是很难理解的，所以在教学之前教师可以先让学生主动进行想象和判断，然后再通过图片和视频的方式向学生讲解，在丰富教学内容的同时，帮助学生加深对这些知识的理解。总而言之，语文教师在教学过程中要学会使用多种教学方法对学生进行引导，改变以往枯燥的教学形式，充分激发学生的想象力，让学生进行联想，并且对德育内容产生浓厚的兴趣，进而主动参与德育与语文教育的融合。

第三，在教学延伸阶段，德育转化效果不明显，教师还要积极巩固德育成果，保证德育效果的持续性。通过调查可以发现，很多语文教师在教学过程中没有从内心接受德育与语文教育的融合并付诸实践，即便有一部分教师在教学过程中会进行德育，大多数时候也只是一笔带过。课程结束之后的监督工作和反馈工作更是形同虚设。但是教育工作的一个重要步骤是要在教学过程中积极进行反思和总结，在反思的过程中发现问题并且解决问题，进而逐步实现提升，反思与进步的过程是一个良性循环的过程，是需要语文教师长期坚持的，因为做好反思工作能够有效提升学生个人的文化素养和道德素质，比如在进行口语交际教学的过程中，教师不仅要在教学过程中向学生传授一些交往时的文明用语和沟通方式，同时还要求学生在与他人交流的过程中付诸实践。从教学阶段来看，德育的整体效果很好，学生也对相应的知识进行了有效掌握，然而在教学之后教师却没有对学生进行监督，忽视了学生在实际教学过程中对这些知识的应用，那么教学效果就无从体现。这也导致在教学完成之后，教师无法引导学生处理与他人的交往关系，不能对教学成果进行有效巩固。比如在统编版五年级语文教材中的口语交际教学《制作班级公约》中，很多教师在进行这部分内容的教学时，会在课堂上让学生进行小组交流，并且制定一些在班级内部需要遵守的规定。但是在课程结束之后，教师对学生是否有效遵守这些规定并没有进行监督，导致这项工作无法有效落实。在小学语文教学过程中，这样的情况并不少见，很多教师只在教学课堂上着重强调，但在教学结束之后就置之不理。即使在教学课堂上学生响应得非常积极，教学效果非常明显，但在课程结束之后如果不能有效促进德育成果的转化，那么德育与语文教育的融合就仍然是失败的。

（二）导致小学语文教育与德育内容融合存在问题的原因

从以上小学语文教育与德育内容融合存在的问题可以发现，导致这些问题出现的原因主要包括教师促进德育与语文教育融合的意识薄弱、教师推进德育与语文教育融合的能力相对较差、校内缺乏良好的德育与语文教育融合环境、德育教学评价体系不够完善等。

1.教师促进德育与语文教育融合的意识薄弱

在小学语文教学过程中，学校及众多教师没有对德育的本质与内涵的科学认知，导致在贯彻德育工作的过程中使用的教学方法不符合德育的要求。有很多教师认为德育与语文教育之间存在较大的差距，尤其在小学阶段，学生个人知识面狭窄，而这一阶段正是提升学生成绩、开发学生智力的关键期，如果在这一阶段进行德育与语文教育的融合，必然会影响到学生个人智力与语文成绩的提升。这种想法明显忽视了德育的重要性，教师从内心深处就认为语文教育比德育更加重要，导致其在促进德育与语文教育融合的过程中出现不积极的心态。

家长的教育理念对德育与语文教育的融合也有很大的影响。当代社会竞争越来越激烈，家长之间普遍存在攀比现象，孩子成绩的好坏也成为部分家长是否有

面子的重要标准。这就导致很多家长为了自己的面子选择通过各种方式来提升孩子的成绩，只要孩子的成绩不好就会对孩子进行严厉批评。这不仅说明家长对孩子不了解，而且体现出家长没有树立正确的教育观念。很多家长认为帮助孩子提升学习成绩就是爱护孩子，但实际上却让孩子与自己越来越疏远，甚至会使孩子产生一些心理问题。当孩子体会不到父母的关怀时，就容易出现一定的心理问题，德育的效果自然也会因此而受到影响。

2. 教师推进德育与语文教育融合的能力相对较差

从目前来看，有一部分教师仍然在坚持传统的教学观念，在教学过程中只关注学生对知识的掌握程度，而忽视了学生其他方面的发展。虽然近几年来国家对于德育的重视程度在逐渐提升，甚至部分小学已经开始了德育与语文教育之间的融合，但因为语文教师个人的能力不一，导致在推进两者融合的过程中，教师只能根据教学要求模式化地向学生进行知识的讲解和传输，而不会以语文教材当中的内容为主对学生进行引导，学生既无法及时掌握德育知识，也无法提升个人的道德素养。有些教师甚至将语文教育和德育内容分离开来，没有引导学生进行主动思考。

小学语文教育与德育内容融合过程中存在的另一个问题是，部分语文教师在教学过程中缺乏新颖的思想观念，不会尝试创新，再加上个人专业能力有限，导致其无法对语文教材当中的德育内容进行深入挖掘和分析。从科学的角度来说，很多教师在教学过程中认识不到德育与语文教育融合的重要性，无法有效对教材内容进行深入挖掘，也无法选择合适有效的方法进行教学，甚至有的教师还没有对教学内容进行有效设计就开始教学。也有一部分教师虽然希望能够在教学过程中积极进行教学模式的改变与创新，但是个人能力有限，无法取得实质性的创新发展。尤其是那些年轻的语文教师，因为缺乏充足的教学经验，又没有接受过专业的培训，其独立承担教学任务的能力较差。总体而言，由于小学语文教师个人能力和职业素养有限，无法有效促进德育与小学语文教育的相互融合。

2021年7月，《关于进一步减轻义务教育阶段学生作业负担和校外培训负担的意见》颁布，"双减"政策的实行实则在一定程度上增加了教师的工作量。

2022年，全国政协委员许玲建议学校要尽可能少地为教师安排非教学任务，要让教师有更多的时间和精力集中在提升教学质量方面。因为教师面临的教学压力较大，所以没有更多的时间和精力来促进德育与语文教育之间的融合。现如今，各种公众号进行美化宣传，通过图文结合的方式将德育与语文教育的相关内容呈现出来，但是没有考虑这些内容是否有利于学生个人的成长。过于注重形式主义的推文无法从根本上促进学生个人的成长，甚至无法帮助学生把握好德育的基本走向。尤其是在新型冠状病毒感染疫情发生以来，小学教学从线下转移到线上，教师需要以线上教育为基础重新考虑教学内容。在有限的时间内如何将教材当中的精华传递给学生，如何加强语文教育和德育之间的有效融合、促进学生个人道德品质的提升，是每一位教师需要考虑的重要问题。目前，准备各种各样的文件、材料也为教师带来了极大的压力，教师不仅没有更多的时间来提升个人的综合能力，而且没有充足的时间来进行备课，这也是导致当前阶段小学语文教育和德育融合过于浅显的原因之一。这一情况如果得不到有效的解决和改善，德育效果也无法实现进一步的提升。

3. 校内缺乏良好的德育与语文教育融合环境

学校缺乏完善的基础教学硬件设施、教师无法熟练地掌握教学设备，都会导致教学资源的浪费。因此，学校有必要对基础硬件设施进行优化，鼓励教师在教学过程中利用各种现代技术手段让学生更加直观地感受到知识，并促使其学习。但从目前来看，很多小学基础硬件教学设施不完善，即使部分小学建有多功能教室，也没有应用到小学教学活动中。很多学校认为小学阶段的教学知识相对简单，所以没有必要利用先进的技术设备进行教学。如果连基础的现代化教学设备都得不到保障，那么学校要开展实践课程就更加无从谈起。在基本的教学环境和教学条件都得不到保障的情况下，学生的知识学习、思维激发自然也会受到影响。

很多学校受区域经济发展的限制，无法在硬件设施方面实现更新换代，不同地方的小学教学资源差距明显。有一些学校的图书馆形同虚设，图书馆的设置完全是为了应付上级的检查。教学内容有限，无法让学生学习到除了课文以外的多种知识，不仅会制约学生个人的知识面拓展，也无法将德育内容充分地与语文教材进行融合,也就无法实现学生全面发展的目的。在教室外的走廊缺乏德育元素,在校园内缺乏德育标语的张贴,学校的软文化环境无法发挥应有的隐性教育作用。当然,要想充分发挥语文教育的德育作用,不仅需要实现学校内部环境的开发和优化,还需要利用社会环境对学生进行引导,比如博物馆、文化馆、艺术馆等场所,都是对学生进行德育的好场地。但是对于那些偏远地区来说,因为经济发展相对落后,所以博物馆、科技馆等场所建设也相对滞后,无法发挥对学生的隐性影响和教育作用。

4.德育教学评价体系不够完善

在目前的小学语文教学当中,教学评价依然是以语文成绩的高低为主,忽视了从德育的角度对语文教学水平进行评价。小学语文教学当中德育教学评价的缺乏主要体现在三个方面:第一方面是德育评价的内容不够全面,在语文教学过程中教师往往只注重某一节课的德育实施情况,而忽视了在教学结束之后学生的真实感受和获得。虽然大部分语文教师知晓德育与普通的智育并不相同,但是在进行评价的过程中仍然以道德教育内容的多少或者德育的频率为主要标准。第二方面是教学评价的形式单一。很多教师在教学过程中试图通过量化的方式对德育的效果进行评判,但是这样的方式显然是不合理的,这样的评价方式甚至会导致德育成为一种强制性的教育,让学生缺乏自主性。如果持续使用这样的方式对学生进行评价,只会影响德育的最终效果。第三方面是德育的评价主体和指标比较单一。一直以来,小学语文教育中的德育评价主体是语文教师,语文教师作为唯一的评价主体具有极强的权威性,正因如此,语文教师和学生的关系越来越疏远,甚至会影响课堂教学氛围。同时,教师在进行德育评价时通常以固定的框架和模板为标准,不会灵活变通和创新,这也在一定程度上制约了学生参与的积极性。

第二节　小学语文教育与德育融合的策略

基于目前小学语文教育中德育面临的问题,笔者从实际情况出发,结合学生发展需求和实际教学要求，有针对性地制定了解决措施，试图推进小学语文教育和德育的相互融合，提升小学生的道德水平，促进小学生的全面发展。

一、用新视角看待语文教育和德育的相互融合

在当代，不论是学校还是家庭，都需要用全新的视角来看待语文教育，尤其是在立德树人这一根本目标的指引下，语文教师需要积极挖掘语文教材当中蕴含的德育元素，并且加强德育与语文教育之间的融合，树立全新的观念，只有这样才能为有效推进德育与语文教育的融合提供基础。

（一）树立德育的意识

学校、家庭和社会都要改变以往的观念，意识到德育的重要性，切记不能将分数作为衡量学生好坏的唯一标准。在提升学生学科成绩的同时，还要关注学生个人道德品质的发展。其实促进不同学科教育和德育的有效融合并不困难，最重要的是教育主体在教学过程中要有意识地推进这一工作的开展，坚守好语文课堂这一重要阵地，处理好语文教材和德育之间的关系，进而在教学过程中自然而然地促进德育，而不是始终将德育当作一项独立的教育工作去开展。教师要从学生的角度去考虑，循序渐进地将德育融入小学语文教学当中，根据语文教材的不同内容分别与德育进行渗透和衔接。教师还要有主动将德育渗透到语文教学当中的意识，端正态度，在教学过程中不断拓展自身的德育知识，将培养人才和提升人才质量两个目标融合在一起。实现语文教育和德育的融合，不是单纯地将两方面的教育内容进行叠加，而是要由浅入深地实现两者的融合，保证两者能够做到相互协调与完美融合。在教学过程中不仅要提升学生的文化知识水平，还要提升学生个人的素养。然而很多语文教师并不能正确看待德育，所以在语文教学当中无法承担起育人的重任。教师个人的意识会对德育与语文教育的融合产生直接的影响，因此，教师有必要在今后的教学当中逐渐树立起德育的基本观念，在提升个人德育理论知识储备的同时，将德育深入内心，对德育有一个更加清晰的认知。

（二）树立学科融合的意识

在语文教学过程中能否完成德育的任务和目标，是否能够有效促进德育与语

文教育的深度融合，充分展现语文的德育作用，促进学生的全面发展，都离不开教师个人的学科融合意识。如今学科融合已经成为教学过程中的一个重要理念，很多学校为了能够培养出全面发展的人才，也在积极推进学科融合。但是作为一线语文教师，在促进语文教育和德育内容相互融合的过程中不能为了融合而融合，而是要从实际情况出发，以学生个人需求为依据来实现德育内容和语文教学的深度结合。对语文教师来说，需要树立学科融合的自觉意识，自觉地推进德育与语文教育融合工作的开展，在实际的教学过程中通过自身的实际行动帮助学生提升道德水准。一部分语文教师在教学过程中逐渐形成了只需要负责自己教学内容的刻板印象，没有将学科融合的教学理念落到实处，使德育与语文教育之间的融合成为一项形式化的工作，应有的作用和科学性无法得到充分体现。一名优秀的语文教师，在学科融合的教育理念下，不仅能够有效促进德育与语文教育的融合，而且能够完成学校制定的教学任务，满足学生的发展需求，充分体现自身的教学特点。因此，小学语文教师还需要树立学科融合的意识，进而在今后的工作当中积极推进语文课程和德育的深度融合，在提升学生道德水平的基础上同时提升自身的职业道德。

二、充分挖掘语文教材当中的德育元素

通过深入研究和分析可以发现，语文教材当中包含有大量的德育元素。因此，语文教师在推进语文教学和德育融合的过程中要对语文教材当中的德育元素进行挖掘和提炼，进而在教学过程中将其呈现，深化语文课文的教学主旨，激发学生个人的思想情感，帮助学生树立正确的观念，最终促进个人的全面发展。

（一）挖掘课文的德育元素，引发学生情感共鸣

语文是一门人文特点突出的学科，在语文教材当中有很多内容具有明显的德育理念和相关知识。因此在进行语文教学时，教师可以充分总结课文当中的德育内容，将其与语文课文的内容充分结合，并向学生传授，进而提升学生的道德素养。在这一过程中，教师有必要了解不同阶段的学生，进而为不同阶段的学生提供相对应的教学内容，尽可能保证教学内容能够促进学生的个人发展。比如小学

三年级和四年级的学生已经拥有了基本的道德观念，具有较强的可塑性，所以可以通过小学中段语文教材渗透热爱生活的德育元素，培养他们积极向上的生活态度。教师在教学过程中，首先需要明确文章的主旨，进而挖掘其中包含的德育元素，然后进行教学。在帮助学生学习课文内容的同时对学生进行德育，可以在无形中提升学生个人的道德素养。比如统编版小学六年级的语文教材《穷人》一文，讲述了主人公桑娜和渔夫即使生活贫困仍然愿意帮助他人的故事，这篇课文的主旨便是教导学生学习主人公乐于助人的精神，这便是典型的德育内容。在小学语文教材中，小说的篇幅大多较长，所以小学生往往没有足够的耐心对课文进行仔细阅读，尤其是课文难度相对较大时，学生更没有兴趣。这时教师就需要积极地对学生进行引导，带领学生对课文进行梳理，找到课文的主线，把握课文的主旨。这样不仅能够充分调动学生的学习兴趣，而且还能够向学生传递总结文章思路的方法，进而取得良好的德育效果。

（二）研读重点词句，进行德育延伸

字、词、句是构成一篇文章的重要基础。因此在进行语文学习时，首先要对课文中的字、词、句进行深入的理解。但是对字、词、句进行理解并不意味着这就是教学的核心，只有对这些内容进行深入理解，才能为后续的学习打下坚实的基础。通过对课文中的语言文字进行理解，学生能够进一步体会人物的性格和内心，进而了解整篇文章想要传达的主旨。对语文教材进行深入的挖掘，不仅能够丰富德育的内容，同时还能有效拓展学生个人的知识领域，让学生掌握更多的德育内容。在教学过程中，教师是知识的引导者，也是学生的引导者，教师能够有效将知识与学生联系在一起，帮助学生更好地对知识进行掌握。当然，教师更要主动地参与课文的研究和探索，加强对德育与语文教育关联性的认识，有意识地从语文课文当中挖掘德育内容。

进行语文教学，从根本上来说就是对课文当中的字、词、句进行讲解，充分发挥教师个人的审美能力和鉴赏能力，挖掘课文文字传达的真正内涵。比如在小学四年级的语文教材中有一篇课文《女娲补天》，这篇课文表面上讲述的是女娲补天的故事，实际上却传达了女娲不畏艰险和甘于奉献的精神。尤其是课文当中

讲述的女娲杀死了在人间作恶多端的黑龙，也充分体现出女娲英勇无畏的精神。

（三）进行情感引导，树立正确价值观念

语文教师在教学过程中应利用课文所要传达的主要情感对学生进行引导，帮助学生树立正确的价值观念。一般在语文课文中，文章的主要人物是进行主要情感传达的核心，他们身上体现出的精神往往传达了作者想要表达的情感。由此可见，文章中的人物形象与传达的情感有着密切的联系。但是这并不代表在文章中的次要人物就不重要，反而正是这些次要人物的存在才烘托出了主要人物。所以在一篇课文中，每一个人物、每一个故事情节都是至关重要的，通过对这些内容进行分析，能够获得不同的感受，才能使学生进一步了解人物的个性，也能进一步对学生产生教育作用。

在对人物和故事情节进行分析时，需要从语言、外貌、环境等角度去分析，只有深入挖掘，才能准确地对每一个角色的特点做出判断，进而更加准确地了解作者想要传达的意思。比如在统编版小学语文五年级下册中的《摔跤》《他像一棵挺脱的树》《两茎灯草》三篇文章，虽然都是人物描写的课文，但是内容却千差万别。在《摔跤》中，作者通过对嘎子和胖墩儿两个人摔跤的场景进行描述，展现出了两者不同的人物个性，将嘎子的争强好胜生动地展现了出来。而在课文《他像一棵挺脱的树》中，作者通过对主人公进行外貌描写，将祥子的憨厚与壮硕展现了出来，虽然祥子外表和内心都非常挺脱，但是拥有善良淳朴、热爱劳动、坚韧不拔的性格，而这些性格正是需要当代学生学习的优秀品质。在《两茎灯草》中描绘的严监生极度吝啬，临死前还惦记着灯盏里的两茎灯草。我们可以将这三篇文章进行对比教学，深刻地感受语文教材当中本身就蕴含着极其丰富的德育内容，从而对教材进行深入挖掘。

三、促进德育方法的创新，提升德育效果

在德育与语文教育融合的过程中，语文教师不能对教材当中蕴含的德育元素进行深入挖掘，或使用的德育方法不合适，都会导致德育内容与语文教育的融合面临阻碍。因此，学校应当积极对语文教师进行专业培训，在提升语文教师教学能力的同时，拓展语文教师的知识面，让语文教师拥有正确看待学科融合的意识，

进而全身心投入语文教育和德育融合的过程中，提升语文教育的德育作用，促进学生个人的全面发展。

（一）对教师进行专业培训，丰富德育教学方法

虽然很多教师已经意识到将德育融入小学语文教育中的重要性，但是没有足够的能力来推进这一工作。很多在传统德育教学中使用的方法并不适合在语文教育与德育融合的过程中使用，所以在教学过程中如何提升德育的效果是需要语文教师进行深入思考的问题。因此，学校有必要对语文教师进行专业培训，提升语文教师的综合素养，并且帮助他们掌握更多进行德育教学的方法。在对教师培训的过程中，一方面要帮助教师了解德育与语文教育融合的目的，提升教师的综合能力，让他们有能力对语文教材当中的思想政治内容进行深入挖掘，有效促进两者的融合。当然，教师还要在这一过程中掌握自我检测的能力，定期对个人能力进行测评，通过前后对比来发现自己的进步与不足。通过培训来帮助教师熟练掌握各种新媒体教学手段，丰富德育教学的形式，多样化开展教学。当然，在对语文教师开展培训时，需要制订详细的培训计划，并且制定一个严格的标准，以此来保证培训的效果。一旦培训计划制订完成，就需要严格按照计划进行实施，防止培训计划流于形式，否则很可能对后续的培训工作造成影响。在培训工作结束之后，还需要对教师进行一定的考评，以此来衡量教师对相关技能的掌握程度。对教师的培训工作进行评判可以让教师及时发现自身的进步之处，从而更加积极主动地进行学习，保证其在教学过程中充满动力。

（二）促进多方主体之间的互动与交流

为了能够有效促进德育与语文教育的融合，发挥语文教学中的德育作用，还需要加强学校、家庭、社会之间的联系与交流，形成教育合力，最终促进教学效果的不断提升。加强学校与外界的交流也能够保证学校的教育工作获得更多的理解与支持。

在小学阶段，语文是一门基础课程，同时也是主要课程，但是语文教师的教学任务相对较重，促进德育与语文教育的融合就无疑为语文教师带来了更大的教学压力。在这种情况下，语文教师没有足够的时间与其他教师进行交流和沟通，

所以无法吸收其他教师在教学过程中的宝贵经验。因此在学校内部，学校管理层可以组织不同教师定期进行经验交流和教学经验的分享，促进教学效率的提升。另外，学校还可以积极开展听课、评课活动，定期组织不同的教师进行听课，学习其他教师的教学经验，同时发现其他教师在教学过程中存在的问题。总之，教师在每次听课结束之后都要认真评价，通过与其他教师的交流提升自己。学校通过开展多种活动能够有效提升教师个人的教学水平和综合素养，进而有效提升语文教学中的德育作用。

教师之间积极进行交流也会在无形中对学生产生影响，促进学生与学生之间的交流与学习，实现共同进步。在小学阶段，学生的主要任务就是学习，但在学习的过程中既要学习语文等智育课程的内容，也要学习德育内容，只有这样才能在提升个人专业能力的同时促进自身素质的发展。学生之间相互交流分享个人经验、兴趣爱好和学习方法，共同对疑难问题进行探讨，能够有效促进个体的发展，提升学生的整体思维。不同学生相互交流，还能增进友谊，最终形成相互帮助、共同进步的好风气。

在学校之外，家长之间也可以积极进行交流和沟通，相互传达教育孩子的好方法，并且在家庭内部为孩子德育发展营造良好的家庭氛围。家长在相互沟通和交流的过程中，也可以学习一些德育方面的知识，有目的地对孩子进行引导，向孩子传达一些正确的价值观。家长在对孩子教育的过程中也需要从孩子的实际情况出发，考虑孩子的个性特征，做到遵循教育规律和身心发展规律，使用不同的教学方法提升德育的实际效果。

四、创建德育实践环境，完善德育评价机制

在课程结束之后，教师还需要积极对学生进行跟踪评价，防止学生将德育内容荒废。因此，学校有必要积极创建德育实践环境，建立完善的德育评价体系。

（一）为语文教学德育的开展提供良好的实践环境

1.对校内相关教学资源进行有效整合

传统的语文教学以教材知识的讲解和板书为主要方式，如今，这些传统的教

学方式依然在语文教学过程中有着不可替代的作用。而在现代语文教学过程中，教师既需要使用传统的方式，同时需要积极利用现代教学手段保证教学效果的有效提升。在课堂教学过程中，传统的教学方式能够有效提升教学氛围，让语文教学课堂的文化性特征更加明显。但是教师也不能忽视学生的主体性，要使用多样化的教学方式来引导学生主动学习，体现学生的主体性。只有当学生主动参与学习，才能有效促进语文知识的内化，使语文教材当中蕴含的德育内容更加深入人心，进而提升语文教学的德育效果。

使用现代资源进行教学，不仅能够有效提升教学效果，而且能充分调动学生的积极性，给学生带来更加强烈的感官刺激。最重要的是现代化教学资源符合学生的审美感受，这也是保证学生积极参与其中的重要因素之一。因此，语文教师在教学过程中要学会使用多样化的教学手段，将丰富的教学内容呈现出来，充分吸引学生的注意力。在情况允许时，教师还要积极利用多媒体技术，将图片、文字、视频进行有效结合，生动形象地将教学内容呈现出来，为学生营造一种身临其境的感受，引发学生的情感共鸣，帮助学生深入理解课文所要传达的思想情感，同时掌握课文中传达的德育元素。在现代教学手段的支持下，教师能够将抽象的教学内容形象化地展现出来，而将内容形象化正好符合小学生学习的特点，有利于学生理解知识，使教师有效推进教学进度。利用现代化手段进行教学，能够有效促进线下教学资源和线上教学资源的整合，从而提升教学的效率。借助这一方式，也能够帮助学生更好地掌握知识，并且逐渐形成良好的学习态度。

2. 优化校内的德育环境

环境具有隐性的教育作用，在教学过程中，如果能够有效地利用环境因素，那么就可以有效提升实际的德育效果。比如学校内的文化墙、班级中的标语和名言警句，都会成为影响学生个人道德水平提升的重要因素。学校如果能够利用好这些元素，将德育的内容融入其中，就可以在无形中对学生进行熏陶，为学生带来强大的德育力量，并且有效实现环境育人的目标。校园环境的建设情况还能够在一定程度上体现出学校的整体形象和育人思想，美丽整洁并且具有浓厚文化韵味的校园环境能够将学校的精神价值充分体现出来，而这本身就是一种无形的教育资源，能够在无形中对学生的思想产生影响。另外，学校也要在食堂、教室等场所为学生营造良好的环境氛围，增强环境的育人效果。

对教师和学生来说，不论是进入校园还是进入班级，他们最先感受到的就是整体环境，所以环境是否整洁，将对教师的教学与学生的学习产生直接影响。对学校来说，学校需要从整体出发，对图书馆、食堂、宿舍等场所进行设计，在保证有一个良好环境的同时进行名言警句的张贴，提升整体环境的文化素养。而在班级内部也要通过教师与学生的共同设计，体现出不同班级的特色，将班级的文化理念和文化内涵展现出来。只有在班级内部营造浓厚的文化氛围，才能有效对学生进行感染，激发学生的学习兴趣，进而为德育工作的开展打下良好的基础。学校还需要积极利用学校的各种媒体，发挥其媒介优势，引导德育风向。比如可以在学校内部创建德育主题的校报，开设德育版块进行德育内容的宣传。总而言之，学校需要教师、学生共同参与学校环境的建设，通过多样化的方式在学校内部构建积极的德育环境，在无形中对学生进行熏陶，进而有效提升德育效果，促进德育与语文教育的融合。尤其是在新课标的指引下，立德树人的教育目标尤为重要，进行校内德育环境的建设，推进德育与语文教育的融合，刻不容缓。

3. 积极进行校外德育环境的建设

除了要在校园内部构建一个良好的德育环境之外，还需要从校内延伸到校外，积极进行校外环境的建设。因为小学语文教育与德育的融合不能局限于课堂，要保证德育的真正落实就需要从学生的实际生活出发，让学生亲身感受、亲身体验，只有这样才能让学生充分感受到德育的存在。当然，行为习惯和道德素养并不是与生俱来的，而是在后期成长的过程中通过不断学习逐渐养成的。因此，提升学生个人的道德素养，不能仅仅依靠家长和教师的努力，还需要发挥社会力量，为学生的成长构建良好的社会环境，让德育工作由校内延伸到校外。

由校内到校外实现第一课堂到第二课堂的拓展，构建立体化的德育环境，能取得更好的效果。因此，校外要加强德育设施的建设，包括建设爱国主义实践基地、革命传统教育场所、革命人士故居等。教育工作者需要认识到校外环境的重要性，并且要加强校内德育环境与校外德育环境的联系，在为学生进行德育时，任何一方面的环境单独发挥作用都无法取得理想的效果，只有实现两者的相互作用，才能推进德育与语文教育的融合，有效提升学生的道德水平。相比之下，校外环境更加丰富，尤其是在现代技术手段的支持下，能够对学生产生更加强烈的吸引力，进而激发学生个人的学习兴趣，有效促进语文教育与德育的融合，对学生德育水平的提升大有益处。基于此，有必要积极促进校内德育环境和校外德育环境的融合，将校内外的德育资源进行有效整合，进而在教育过程中促进教学资源的形象化发展，让学生可以更容易地对相关知识进行理解。在语文教育与德育融合的过程中，校内环境和校外环境具有不同的功能和作用，只有充分体现出两者各自具有的价值，做到取长补短，才能实现德育效果的进一步优化。比如在三年级语文教材"中华传统节日"这一综合性学习当中，教师不仅可以在课堂上进行相关资源的展示，让学生对我国传统的节日有所了解，而且可以鼓励学生在学校内部组织各种活动，在实践的过程中对传统文化进行学习，甚至可以走出校园走向社会，对我国传统节日的习俗及由来进行了解，进而培养学生对中华优秀传统文化的喜爱之情及爱国之情。

（二）建立完善的德育评价体系

1.促进德育评价内容的全面发展

教学评价能够体现出教师个人的道德素养，同时还能非常直观地体现语文教育与德育的融合情况及在语文教学过程中面临的实际问题，甚至能够发现学生对语文知识及德育内容掌握的情况。但是很多语文教师认为教学评价就是教学的终点，对一门科目进行教学评价就代表着教学的结束。实际上并非如此，在教学评价结束之后，教师需要对教学评价结果进行分析和反思，对自己的教学进行深入分析，防止在今后的教学过程中出现相同的问题。

实际上，问题的存在也是教学工作进步的台阶，只有存在问题才能解决问题，才能促进工作进步。因此在教学过程中，教师需要正视评价，并且对教学评价进行客观对待。尤其是在德育与语文教育融合的过程中，在教学完成之后需要进行客观的评价，从学生的角度对教学情况进行分析，判断德育的实际效果。教师在进行评价时，不能将重点仅放在学生对知识的掌握情况上，也不能以学生个人的

成绩高低来判断学生的好坏。任何一个人的评价或者一个固定的标准都不能判断一位教师教学的好坏，自然也无法对学生的学习情况进行全面判断。因此，在语文教学中进行德育评价时，需要从不同角度出发，同时还要考虑学生个人身心健康发展水平。只有从多角度、多方面对小学语文教育当中的德育效果进行评价，才能够保证评价的科学性和真实性，才能真正发现德育与语文教育融合过程中存在的问题和取得的成绩，才能为今后的教学提供更多的参考。

2. 促进德育评价形式的多样化发展

教师不能只关注学生的某一方面，而需要对整个教学过程进行评价，辩证地看待语文教育与德育的融合，及时发现其中存在的问题，只有这样才能更好地改进，进而推进两者的融合。在教学评价过程中，需要保证评价手段的多样性，但是从目前来看，教师对学生的评价仅仅是通过考试成绩来进行的。在德育内容与语文教育相互融合的过程中，更需要保证评价形式的多样化和层次化，只有这样才能更好地体现德育的实际效果。因此，可以通过个人访谈、作品评价、个人规划、实践体验等多种方式进行评价。因为单一的考试成绩无法真正体现学生的道德水平，也无法体现出德育与语文教育的融合情况。通过多样化的评价形式对小学语文教育与德育的融合情况进行评价，能够有效提升学生个人的综合素质，同时有效提升教师的教学效果。因此，在今后的教学评价当中，学校需要从实际教学情况出发制定个性化的评价手段，对学生的课前预习、课堂发言、课后作业和期末考试等多方面内容进行记录和评价，对各方面数据进行有效整合，全面展现学生在学校的学习情况。在期末时还需要制定完善的评价分析报告，通过数据图将教学效果形象地展现出来，让家长可以一目了然地了解学生的学习水平和道德行为。这种评价方式与以往的结果性评价存在较大差异，能够及时有效地发现学生在成长过程中存在的问题，为学生存在的问题提出针对性的解决措施。总而言之，在德育与语文教育融合的过程中进行德育评价需要坚持定性评价与定量评价相结合的原则，只有这样才能将学生对德育知识的掌握程度充分体现出来，有效促进学生个人的成长。

3.促进德育评价主体的多元化发展

在以往的教学评价工作当中，教学评价主体非常单一，在对学生个人学习情况进行评价时，往往是由教师单方面进行评价，这种评价方式存在主观性和片面性的问题。教师的个人审美和道德水平是影响教学评价有效性的重要因素。传统单方面的教师评价存在极大的不稳定性，无法将德育效果真实地呈现出来。学校需要从实际情况出发，制定符合德育与语文教育融合相适应的教学评价体系，丰富评价主体，听取多方主体的意见，更好地改进教学工作。

在新课标的背景下，如何实现学科融合、推进德育与语文教育的融合、体现语文教学的德育作用是学校需要解决的重要问题。因此，学校需要丰富教学评价主体，从不同的角度对当前德育在语文教育中的渗透情况进行评价，从而发现两者在融合过程中存在的问题，并有针对性地解决，推进这一工作的有效开展。以教师为唯一评价主体的评价方式已经无法适应当今时代的教学需求，所以学校需要积极改变，实现评价主体向多元化方向发展。这一转变不仅能够充分促进语文教育与德育的融合，而且能够提升语文教学的德育作用，促进学生智力和道德水平的共同发展，这是符合新课标发展要求的。可见，多主体进行评价能够保证评价工作的公平性、专业性和可信性，进而推进语文教育与德育融合工作的进一步开展。

第七章　小学语文教育与美育的融合

美育是素质教育的重要组成部分。随着我国经济的不断发展，人们的生活水平得到了很大改善，人们对于美的追求也越来越强烈。尤其是在政府部门的推动下，学校逐渐认识到了美育工作的重要性。如今，我国学校的美育工作已经取得了极大的成就，但是在整个教育体系当中，美育仍然比较缺失。小学生正处于个人认知发展的起步阶段，他们具有强烈的好奇心，个人审美也具有较强的可塑性，所以在小学阶段积极开展美育教学就显得尤为重要。在小学各门课程当中，语文教材蕴含着大量的美育资源，再加上语文教育贯穿于整个小学阶段，所以有必要积极挖掘小学语文当中的美育内容，促进小学语文教育教育与美育的有效融合，发挥小学语文教育的美育作用，从而在进行语文教学的过程中提升小学生个人的审美能力和人文素养，最终将学生培养成德智体美劳全面发展的人才。

第一节　小学语文教育与美育融合的现状

随着时代的不断发展，已经有越来越多的人认识到了美育的重要性，而且为了能够推进美育工作的开展，很多小学已经尝试在学校内部进行"快乐教学"和"阳光教育"的美育教学模式。这些教学模式的应用充分说明了小学对美育的重视。在小学语文教育与美育融合的过程中使用这些新颖的教学模式能够有效激发小学生的学习兴趣，提升学生个人的审美能力。但是通过实际的调查发现，小学语文教育与美育的融合并没有取得实质性进展，语文教学当中的美育作用也没有充分体现出来。

一、调查问卷分析

本次问卷调查对象主要是小学生，共发放调查问卷 400 份，收回调查问卷 390 份，回收率为 97.5%。对收回的调查问卷进行分析后发现，有效的调查问卷有 364 份，有效率为 93.3%。

美育是一个非常全面的概念，学生的兴趣与目的、教师的教学方式、学生对于教师和语文课堂的期待，都会对学生个人认识美、体验美、感受美、欣赏美、创造美的能力带来影响，进而影响学生美的理想、美的情操、美的品格和美的素养。说到底，美不是单独存在的，而是与德智体劳一体的。因此，本次调查问卷设计的内容主要包括四个方面：第一方面是小学生学习语文的兴趣和目的。通过这部分调查内容能够在一定程度上了解学生对美育与语文教育融合的兴趣，进而根据学生的兴趣设计教学内容，有效提升学生语文学习的质量。第二方面是小学生接受美育的方式和途径。第三方面主要是对学生个人的审美能力进行一定的了解，进而根据学生个人的审美能力进行美育渗透教学设计，有效提升学生个人的审美能力。第四方面是调查学生对教学的期待及对教师的期望。通过这部分调查内容能够了解学生在语文教学过程中所期待使用的教学方法，进而有效提升语文课堂的趣味性，促进语文教育和美育的相互融合，最终引导学生提升审美能力。

（一）学生学习语文的兴趣和目的

问题一：你是否喜欢上语文课？

通过调查可以发现，有 35.9% 的学生表示自己喜欢语文课，选择一般的学生占 35.2%，而不喜欢语文课的学生占 28.9%。从数据当中可以发现，有约 2/3 的学生对语文课程的兴趣不高，只有约 1/3 的小学生比较喜欢上语文课。通过这项调查，我们能够非常直观地发现提升小学生语文学习的兴趣非常重要，而这也是提升语文教学质量的重要保证。

问题二：上语文课最吸引你的是什么？

在对这一问题的调查当中，有 64.3% 的学生表示自己喜欢上语文课，因为自己的语文基础相对较好，有 13.3% 的学生表示自己喜欢语文老师，还有 12.2% 的学生认为在语文课上能够经常得到老师的表扬，剩下的 10.2% 则觉得语文课程比较有魅力。从这一项调查当中可以发现，大部分学生对语文课最感兴趣的原因是自己语文基础相对较好，所以才有学习语文的动力。这项数据也说明大多数学生仍然将对知识的学习放在第一位。他们能够从自身的角度出发进行考虑，将知识获取放在更加重要的位置，不仅体现出了学习的非功利性，而且与美育的要求一致。

问题三：你对语文不感兴趣的原因是什么？

通过对这一问题的相关数据分析可以发现，有 50.0% 的学生认为语文内容枯燥，是自己不喜欢语文的主要原因。有 24.3% 的学生表示自己对语文不感兴趣的主要原因是自己的语文基础相对较差，还有 22.6% 的学生表示自己因为听不懂老师讲的内容，剩下的学生则表示自己与老师存在相处问题，是自己对语文不感兴趣的主要原因。从这一问题的调查当中可以发现，内容枯燥是很多学生不愿意学习语文的主要原因，因此语文教师在今后的教学过程中，需要积极改变教学方式，加强美育内容的渗透，激发学生的审美情趣，调动学生的积极性，有效提升语文教学质量，进而推进语文教育和美育的有效融合。

问题四：你认为兴趣对语文学习的影响是否大？

调查结果显示，有 23.4% 的学生认为个人兴趣对语文学习影响非常大，有 62.5% 的学生认为兴趣对语文学习影响比较大。而认为个人兴趣对语文学习影响一般或者影响不大的学生占 14.1%。这一调查结果充分说明，绝大多数学生认识到了兴趣对语文学习的重要影响，因此在语文教学过程中，如何提升学生学习语文的兴趣，是教师需要研究解决的重要课题。

问题五：你学习语文的目的是什么？

在这一调查当中，有 54.4% 的学生表示自己学习语文是为了应对考试；有 31.9% 的学生表示自己学习语文是为了拓展自己的知识面，提升个人文化素养；还有 13.7% 的学生则表示自己因为家人的压力，不得不进行语文学习。从这一项调查的数据可以发现，我国仍然没有走出应试教育的大背景，应对考试仍是大多数学生学习语文的主要目的。这些数据表明学生主动学习语文的积极性并不高。

通过对以上几个问题进行综合可以发现，在小学语文教学过程中，学生的功利性思想仍然非常明显，这也是学生对语文学习兴趣不高的主要原因之一。虽然目前语文仍然是小学学科的主要课程，但是学生对语文课的喜爱程度并不高，这并不代表学生不喜欢这门课程，而是受应试教育的影响，学生只能被动地接受学习，这无疑给学生增加了压力。很多小学的语文课在教学过程中主要围绕考试重点进行教学。而对于小学生来说，当前阶段正是他们塑造个性、提升个人素养的重要时期，所以选择一种合适的语文教学方式就非常重要。将美育融入语文教学当中，不仅能够激发学生的兴趣，让学生对美进行欣赏和感悟，而且能够实现以美育人的目的。

（二）小学生接受美育的方式方法

问题六：你能够从哪里感受到美育的存在？

在这一调查当中，有53.3%的学生表示自己能够从艺术类的课程当中进行美育学习，并获取美育资源，剩下的学生则表示自己能够通过旅游、看电视、上网等方式感到美育的存在，只有12.6%的学生认为可以通过语文学习提升自身的审美素养。如今，美育的重要性已经逐渐得到大家的认可，一个人要想在当代社会立足，必须实现德智体美劳的全面发展。因此，应当从小学阶段对学生进行审美教育，从小开始提升学生个人的审美素养。因此，小学也开设了美术、音乐等艺术类课程，期望能够有效提升学生的审美能力，促进孩子的全面发展。虽然目前借助语文教育来提升学生审美能力的方式并没有得到最大限度的开发，但是已经有一部分学生意识到了语文课程具有的审美作用。

问题七：语文教师是否经常赞美学生？

在这一问题当中，有31.3%的学生表示在语文课堂上教师会经常对学生进行赞美，还有35.5%的学生认为语文教师对学生的赞美比较少，有25.2%的学生表示教师几乎不会对学生进行赞美，有8%的学生则表示教师从来不会对学生进行赞美。通过调查可以发现，语文教师主要是对语文成绩比较好的学生进行赞美，而那些成绩一般和成绩较差的学生几乎得不到教师的赞美。这一情况不仅体现出语文教学的应试性，而且忽视了语文教学当中的美育作用。

问题八：语文教师是否会带领学生朗读语文课文当中的优美句子？

在这项调查中，有35.6%的学生表示在教学过程中，教师会经常带领学生朗读课文当中的优美句子，有28.3%的学生表示教师带领学生一起朗读的情况相对较少，剩下的学生则表示语文教师偶尔或者几乎不会带学生一起进行朗读。由此可见，大部分语文教师在教学过程中仍然将教学重点放在知识的传授上，而忽略了对美的内容的讲解，所以导致很多学生在学习的过程中无法感受到美的存在。

通过对以上几个问题的综合分析可以发现，小学生接受美育的主要途径是艺术类课程或者一些课外活动。虽然在语文教学当中小学生也能获得美的体验和感受，但是我国仍然处于应试教育的大背景下，语文教师在教学过程中仍然是以知识的讲解为主，忽视美育内容的教学，导致在语文课堂上学生审美素养的提升非常有限。

（三）小学生的个人审美能力情况

问题九：你认为语文教师教学时的语言是否生动优美？

通过调查发现，有 35.1% 的学生认为语文教师在教学时语言比较生动优美，有 51.6% 的学生表示语文教师在教学时语言相对一般，还有 13.3% 的学生认为语文教师在教学过程中的语言并不生动优美。从数据当中可以发现，在语文教学过程中，教师的语言还具有较大的改进空间，尤其是对于小学生来说，教师有必要对学生进行引领，进而有效提升学生的审美情趣。

问题十：你认为语文教师的黑板板书是否美观？

在对这一问题的调查当中，认为语文教师的黑板板书比较优美或者非常美的学生占 17.0%，而且他们通过欣赏语文教师的板书能够获得美的感受。认为语文教师黑板板书比较一般的学生占 76.3%，还有 6.7% 的学生认为教师的板书较丑，无法从中感受到美的存在。由此可见，在语文教学过程中，如何提升板书的美感，也是语文教师需要研究的重要内容之一。

问题十一：你认为语文教师是否能够引领你感受到课文当中营造的意境之美？

调查数据显示，有 28.0% 的学生表示在语文教师的讲解之下，能够感受到课文当中营造的意境之美。有 49.5% 的学生表示自己对于意境之美的感受比较一般，剩下的学生则表示自己几乎感受不到或者完全感受不到课文当中营造的意境之美。导致这一情况的原因大多是学生认为语文教学当中的知识比较枯燥，进行语文学习更多的是为了进行知识点的掌握和应付考试。

从这一部分的几个问题可以发现，部分小学生已经具备基本的审美能力，他们对于美的事物比较敏感。因此，通过有效的引导和培养，能够有效提升小学生的审美能力。

（四）学生对于语文教学和语文教师的期待

这一部分是主观题，学生在回答的时候可以自由发挥。通过总结可以发现，大部分小学生对于传统的知识灌输法非常讨厌，他们认为这种传统的方法在教学过程中只是一味地进行课文内容的讲解，无法让自己从中获得美的感受。但是基于当前应试教育的大背景，又不得不被动地进行语文知识的学习，这就导致自己对于语文的学习兴趣大为减少。很多学生表示在语文教学过程中，教师可以积极开辟第二课堂，通过实践的方式进行语文知识的讲解；也可以在课堂教学过程中引用一些有趣的故事对学生进行引导，从而吸引学生的注意力，让学生主动地参与课堂学习。总之，语文教师在教学过程中需要通过多样化的方式来对学生进行引导，充分吸引学生的注意力，让学生能够快乐地参与教学过程，最终提升个人的审美能力。

二、访谈结果分析

（一）教师对于美育的认知情况

通过对教师的访谈可以发现，大多数教师在教学过程中认为进行美育教学确实能够有效提升学生个人的审美素养，最终实现学生的全面发展。但是，仍然有很多语文教师认为语文课的目的在于提升学生个人的文化素养和智力开发，而不是进行美育，美育应当由艺术学科的老师负责。这样的观念显然是错误的，尤其是随着时代的不断发展，美育的重要性越来越突出，虽然艺术是开展美育的重要途径，但是艺术并不等同于美育。美育涵盖的领域非常广，不仅包括艺术美，还包括自然美、社会美等多个方面。所以，语文教师有必要改变自身的认知观念，找到语文教育和美育的关系，只有这样才能为美育与语文教育的融合奠定良好的基础，有效发挥语文教学的美育作用。在访谈过程中问"你认为在语文教学当中是否有必要促进其与美育的融合？为什么？"时，虽然很多教师回答有必要，但是他们却没有明确地说出为什么。由此可见，小学语文教师对语文教学当中美育的认知情况仍然不够全面，他们无法正确客观地看待语文教育和美育的融合这一问题，而这也是导致目前语文教育与美育无法有效融合的重要因素之一。

（二）语文教师的审美水平

语文教师自身的审美水平和审美素养与小学生审美能力的提升具有密不可分的关系。客观来说，当语文教师具有较高的审美水平时，他们就能够积极挖掘语文教材当中的审美元素，并且会有效推进审美教育和语文教育的融合，从而潜移默化地影响学生，提升学生的审美水平。在实际的访谈过程中发现，很多语文教师认为自己的审美素养相对较高，但是在问到他们应当如何提升自身的审美素养时，其答案大多是出去旅游、欣赏影视作品、欣赏戏剧和歌舞表演等。只有少部分语文教师表示自己会进行审美教育的教研，并积极参加相关的培训活动。由此可见，能够积极主动通过学习的方式来提升自身审美的教师非常少。通过访谈结果可以发现，小学语文教师的审美素质和审美水平普遍较低，而这也是影响语文教育和美育融合的原因之一，并且也会影响语文教学的美育作用。

（三）在语文教学过程中如何实现美育的渗透与融合

通过访谈调查可以发现，大部分语文教师表示自己在教学过程中会通过创设情景的方式进行美育引导。比如在进行课文教学时会使用音乐或者朗诵，这些方式能够有效提升学生的审美素养。有一部分语文教师表示自己会对语文教材当中的内容进行深入分析和挖掘，积极寻找一些审美元素，进而传授给学生。也有一部分教师表示自己在教学过程中会使用多媒体进行教学，通过技术手段吸引学生的注意力，促进学生的学习，在无形中提升学生个人的审美。但是更多的教师在教学过程中仍然使用传统的教学方式，导致很多学生认为语文课堂教学的内容比较枯燥。在调查过程中还发现，有一部分语文教师在教学过程中能够巧妙地调整课堂节奏，在教学过程中营造轻松活泼的氛围，有效激发学生个人的求知欲，从而引导学生主动参与学习过程。但是总体而言，语文教师在促进美育与语文教育融合的过程中仍然缺乏有效的教学方式。

（四）教师对于小学语文教育与美育融合的评价

从目前来看，很多语文教师已经对美育有了基本的认知，他们也明确表示在小学语文教学当中进行美育可以有效激发学生的积极性，并且提升学生的审美素养。但是在目前，成绩仍然是对学生进行评价的重要指标，在教学过程中仍然需要将智育当作主要的教学内容，首先要进行知识点的传授，在时间允许的情况下，才能进行美育的渗透。但是这样的教学思想必然会影响美育的最终落实。也有一部分语文教师表示自己在教学过程中具有强烈的美育渗透愿望，但是个人缺乏丰富的经验，又没有足够的时间和精力进行研究，导致在推进语文教育和美育融合的过程中无从下手。有的语文教师则认为推进美育与语文教育的融合，不仅会浪费语文教学资源，而且无法取得良好的美育教学效果，所以推进语文教育与美育的融合毫无意义。从以上内容可以发现，目前仍然有一部分教师不能正确客观地看待小学语文教育与美育的融合，这也是小学语文无法发挥美育作用的重要原因之一。

三、小学语文教育与美育融合存在的问题

应试教育对我国的教育发展产生了重要的影响。在应试教育的大背景下，学校的教学不得不以知识和技能的传授为主，这样一来，利用学生的成绩来对学生评价就成了唯一标准。正因如此，很多学校忽视了美育的开展，更无法在语文教学过程中有效挖掘其中的美育元素，有效促进美育与语文教育的深度融合。客观来讲，促进美育与小学语文教育之间的融合，不是简单地利用语文教学进行情感传达，而是涉及语文教学的各个环节，是要利用长期的隐性教育来提升学生的审美素养。总而言之，小学语文教育在与美育融合的过程中存在以下几方面的问题。

（一）学校领导和语文教师对美育的认识不足

随着我国基础教育改革的不断推进，素质教育逐渐得到了诸多人的认可和支持，很多小学也在教学过程中通过有效措施积极推进素质教育的开展。总体来说，音乐、美术等艺术类教育在学校的开展过程中，学生个人的审美素养得到了有效提升，但是我们依然没有走出应试教育的大背景。由于相关部门始终将学生的升学率和毕业合格率当作判断学校好坏的主要标准，导致很多学校不得不将重点放在提升学生个人的成绩上，学校仍然以提升学生的学业成绩为目的来进行知识教育，所以美育与小学语文教育的融合也会因此受到影响而无法取得很好的美育效果。

通过对教师的访谈发现，很多教师承认美育对于学生个人未来的成长和发展具有重要作用，而且将其与小学语文教育进行融合，对于学生的审美素质提升也具有极大的作用。然而在目前，要想有效促进小学语文教育与美育的融合，需要花费更多的时间和精力来进行课程探索与研究，这无疑会对语文教学和学生语文成绩的提升造成一定的影响，所以很多语文教师不得不将教学重点放在学生语文成绩的提升方面，小学语文教育与美育的融合也因此搁置。也有一些学校在校内开展了一些交流活动，但是这些活动都是以提升教学成绩为主，忽视了美育的重要性。加上学校组织的培训不能覆盖全体教师，导致教师的教学积极性受到了严重影响。再加上学校经费有限，不能支持将学校所有的教室设备进行更新换代，这样一来教师教学和学生学习的积极性都会受到影响。

在应试教育的背景下，不论是社会还是相关部门，都将升学率和毕业率当作评价学校好坏的重要指标，学校是否能做出成绩也会影响学校未来的发展。虽然部分小学明确要求语文教师在教学过程中要促进美育内容的渗透，但是为了提升学生个人的成绩，部分语文教师仍然选择敷衍了事。很多语文教师认为提升学生审美素质的教学应当是艺术教育，与语文无关，他们严重缺乏促进语文教育和美育融合的主动性。

（二）教师个人审美素养有待提升

教师个人的综合能力和审美素养是影响语文教育和美育融合的重要因素。如果教师没有较高的审美素养，那么他们就无法在教学过程中发现美、欣赏美、表达美。一位具有较高审美素养的语文教师能够不断发现语文教材当中美的元素，进而向学生进行传递，激发学生的学习兴趣，提升学生的审美素养。小学阶段的学生具有较强的想象力，他们在学习过程中能够积极主动地投身于自己感兴趣的事物当中。因此，语文教师在学习过程中可以通过有效措施调动学生的个人兴趣，引导他们学习美育内容。然而在实际的教学过程中，很多语文教师是直接进行知识点的讲解，没有给予学生充分的考虑时间，限制了学生想象力的发挥。比如在讲解诗句"海阔凭鱼跃，天高任鸟飞"时，教师首先可以让学生想象这两句诗营造的意境美，然后再进行引导。但是很多教师会在教学过程中直接将诗句营造的场景描绘给学生，学生无法进行独立的思考，个人想象力也得不到有效锻炼。

通过调查发现，语文教师审美素质较低的原因包括四个方面：第一方面是教师在教学过程中急功近利。因为在应试背景之下，很多语文教师面临着学生升学的压力，他们为了不辜负家长的期望和达到学校的要求，在教学过程中会选择性地忽视美育的内容，而以语文知识和基本技能的传授为主进行教学。第二方面是教师参加美育培训的机会比较少。虽然很多学校为了促进语文教育与美育的融合会定期组织教师参加培训活动，但是培训无法覆盖全体教师，所以很多教师并没有参与机会。学校也会开展一些其他的活动，但是这些活动往往停留于表面，无法引导教师将关注的重点放在美育层面，所以并不能有效提升教师个人的审美素质。第三方面是语文教师缺乏充足的自信心。其实在推进语文教育与美育融合的过程中，教师只需要根据教材内容选择与之相对应的元素进行美育即可，由于很多教师缺乏经验，担心在融合过程中事与愿违，因此只能将语文教学与审美教学的融合停留在表面。第四方面是很多语文教师缺乏个人独到的见解，在教学过程中无法发挥学生的主体性，只能一味地进行文化知识的传播。而且大多数时候教师只是依赖课本进行知识传授，无法对课文进行深入挖掘，也无法将自己的理解融入进去，所以培养出的学生只会应试，考试时的答案也如出一辙。

（三）教学实施无法得到保证

随着时代的不断发展，学校、家庭、社会都已经逐渐认识到了美育的重要性，但是教师在实际的教学过程中仍然无法有效推进美育工作的开展，导致学生的审美素养一直无法得到有效提升。通过调查可以发现，在小学语文教学实施过程中，美育内容的渗透面临诸多限制。

首先，在美育与语文教育融合的过程中，缺乏明确的教学目标和教学定位，因此，语文教学重点不明确。教学目标是教学活动开展的出发点，能够体现教学活动所要取得的最佳成果。但是在目前的教学过程中，教师以提升学生的语文考试成绩为主。虽然学校明确提出要在语文教学过程中推进美育内容的渗透，但是考试结束后，学校仍然会以考试成绩为主要衡量标准。因为教学目标不明确，小学语文教学始终将考试结果作为唯一的评判目标，而忽视了教学过程中对学生非

智力因素的培养与激发。

其次，语文教师对教材当中的美育元素没有进行深入的挖掘和探索。通过对语文教材的研究，可以发现在很多课文当中有可以欣赏和想象的内容，这些内容营造的美好意境非常符合学生的身心发展特点，同时也能够有效激发学生的想象力。然而很多教师在教学过程中只是单纯地以教材为主进行内容的讲解，没有给予学生足够的想象空间，甚至直接告诉学生答案。这样的方式很难提升学生个人的想象力和审美素养。教师在教学过程中一般会先带领学生朗读课文，然后对课文大意进行概括，最后要求大家背诵要考试的内容。很显然这种教学模式就是为了应对考试而存在的。但是新课标明确要求在教学过程中要做到尊重学生个体情感，理解学生个人的感受。如果教师依然使用这种模式进行教学，不仅违背了新课标的要求，而且会影响学生个人情感价值观的发展，自然难以实现以美促智的目的。

再次，语文教师在教学过程中使用的教学方法不够新颖。在应试教育的背景下，很多语文教师仍然使用讲授法进行教学，以此来帮助学生掌握课本当中的内容，提升学生个人的智力和应试能力。也有教师会使用阅读指导法进行教学，在学生对课文进行阅读的过程中，教师对重点内容进行指导和讲解，帮助学生加深对重点内容的理解。还有教师会组织学生进行讨论，主动研究教学过程中存在的问题，这一方法不仅能够培养学生的观察能力，而且能提升学生的思维能力。但是这些方法都忽略了美育，无法对学生发现美、创造美的能力进行培养。

在新课标的要求下，美育越来越重要。学校和教师不仅要认识到美育的重要性，而且要将美育工作落到实处，通过制定切实有效的措施来推进美育与语文教育的融合，进而在教学过程中有效提升学生的审美素质，促进学生的全面发展。

最后，我们还可以发现课堂教学效果并不明显。传统的语文教学方式在小学教学当中依然占据着主导地位，在这样的教学模式下，以教师为主体的教学关系依然没有发生改变，学生只能被动地进行学习。很多语文教师在教学过程中会明确要求学生背诵课文，对学生进行理论知识的灌输，还会要求学生记好课堂笔记，帮助其明确考试重点。这种教学方式虽然能够在一定程度上帮助学生应付考试，提升学生的语文成绩，但是忽略了学生的主观能动性，这既不符合新课标的教学要求，也无法促进学生素质的全面培养。

尤其是在美育与小学语文教育融合渗透的过程中，长期使用这些教学方式无法体现美育的作用。在教学过程中教师过于依赖教材，无论是备课还是教学，都会以课文内容为根本进行，这就导致教学内容缺乏个性，无法突出特点。传统的教学方式会导致整个教学课堂的氛围过于死板，让学生主动学习的积极性受到影响。比如教师在进行《狼牙山五壮士》这一课的教学时，如果只是让学生对课文内容进行阅读，然后分析段落大意，对重点部分进行背诵和记忆，不仅无法突出这一篇课文的重点，而且无法让学生理解课文塑造的场景与画面。如果教师在教学过程中能借助一些插图或者视频教学，便可以让学生更加真切地感受到这些英雄不畏牺牲、舍生忘死的革命精神，并且也会被课文所描述的英雄事迹感染。

（四）在小学语文教育与美育融合过程中缺乏明确的评价标准

2013年，中国共产党第十八届中央委员会第三次全体会议通过的《中共中央关于全面深化改革若干重大问题的决定》中明确要求，委托社会组织开展教育评估监测。而在评估检测当中最重要的一项就是进行美育教学的改进，在提升学生人文素养的同时，提升学生的审美能力。在此之后，国务院也针对学校美育工作的改进提出了具体要求和意见，明确表示学校要积极进行美育制度的建设。

时至今日，学习成绩仍然是衡量学生的主要评价标准，虽然这与学生全面发展的要求相背离，但是在应试教育的背景下，很多语文教师面临考核的压力，在教学过程中不得不将基础知识的讲解当作教育工作的主要内容，而这必然会导致审美教学评价的缺失。虽然近些年来学术领域对于如何在语文教学当中落实美育进行了诸多研究，但是内容大多停留在美育的落实方面，关于美育评价的相关内容非常匮乏。因为没有明确的评价指标，美育问题无法得到有效落实，所以教学也只能浮于表面。

对以上问题进行研究分析可以发现，到目前为止，我国小学语文教学当中的美育体系建设仍然不够完善，导致很多语文教师在教学过程中不能按照新课标的相关要求实施美育教学，美育与小学语文教育的融合受到了极大的影响和制约。

第二节　小学语文教育与美育融合的策略

为了有效促进小学语文教育与美育的融合，落实新课标的教学要求，下面以小学语文教育与美育融合过程中面临的问题为出发点进行策略的制定，以有效解决两者在融合过程中出现的问题，实现有效发挥小学语文教育应有的美育作用。

一、小学语文教材中美的体现

为了有效促进小学语文教育和美育的融合，首先应当积极对小学语文教材进行深入挖掘，发现其中美的内容。通过对小学语文教材进行深入研究，可以发现其中的美分为自然美、社会美、艺术美、科学美等类型。

（一）语文教材中的自然美

自然美就是指自然界中的美，是区别于人类社会而存在的美。自然包括山川、河流、动物、植物等，涵盖的范围非常广泛。在感受自然美的过程中，人们能够产生强烈的愉悦感。一般来说，自然美主要体现在形式方面，主要是通过美好的外在形象给人们带来赏心悦目的感觉，比如绚烂的彩虹、巍峨的山川等。所以在美育过程中，自然美是极其重要的一部分，有必要积极对语文教材当中的自然美进行挖掘，并在教学过程中进行呈现，进而对学生产生影响。

对语文教材进行深入的研究后可以发现，教材当中的自然美可以通过三种方式体现出来：第一种方式是直接对大自然当中的美景进行描写，以此来表达作者对自然美景的热爱之情。通常来说，人们在对大自然进行审美时，会经历三个不同的阶段，分别是致用、比德、畅神。在前两个阶段，人们对自然美的感受依然停留在物质阶段，但是进入畅神阶段之后，自然美便会对人们的心情和精神产生作用。在小学语文教材当中，通过对大自然的美景进行描写来表达个人对大自然的喜爱，是一种经常出现的方式。比如在三年级语文课文《我们奇妙的世界》中，就记录了色彩缤纷的日出、形状奇妙的云彩、缤纷绚丽的余晖、群星闪烁的夜空等景象，这些都会在无形中吸引人们。

第二种方式是借助大自然来抒情。作者在对自然美景进行描绘时，通常会将其与个人的情感联系在一起，在表达对大自然的喜爱的同时，传达出个人的情感与思绪。比如四年级语文课文《麻雀》中描写老麻雀虽然身体弱小，但是仍然愿意用自己的身躯来保护小麻雀，因为母亲的角色给予了老麻雀强大的力量，所以才能够让它将生死置之度外。作者通过描绘这样一个故事来赞美母爱的伟大。在小学语文教材当中有很多类似的文章，这一类型的文章由作者个人情感与自然景物融合而成，实现了自然美与情感美的有效叠加，让文章变得更加生动。

第三种方式是借助自然来进行知识和道理的传达。相比较而言，小学生对景物的欣赏会更加容易，所以我们可以在小学语文教材当中发现很多课文是借助自然来进行知识和道理的阐述，以此来帮助学生加深对某些知识的理解。比如可以将语文知识融入自然当中，在课文《青蛙写诗》中，小蝌蚪像逗号，水泡像句号，荷叶上的一串水珠像省略号，这一诗歌巧妙地将自然界当中的事物与标点符号联系在一起，加深了学生对语文知识的理解。这种充满童趣的表达方式能够有效提升学生学习的积极性，符合学生学习的特点。也可以将一些自然知识融入自然界的事物当中，比如课文《爬山虎的脚》，这篇课文介绍了爬山虎的叶子及它在生长过程中呈现出的爬的状态，不仅能够帮助学生认识爬山虎，同时还提升了课文的趣味性。还可以利用自然来进行人生哲理的传达，比如在课文《落花生》中，父亲教导孩子要像花生一样做一个有用的人，通过自然界中的事物向学生传达了人生的哲理。

通过以上内容可以发现，小学语文教材当中蕴含着大量自然美的内容，这些内容对于提升小学语文的美育价值具有重要作用。

积极挖掘语文教材当中的自然美，有助于教导学生保护自然环境，因为大自然是人类生存和成长的重要基础，但是随着时代的发展，生态环境问题越来越严重，通过语文教学进行自然美的传达，可以让学生逐渐感受大自然的魅力，养成热爱自然、保护环境的意识。通过语文教学对学生进行自然美的传达，能够引导学生正确对待人与自然的关系。另外，进行自然美的教学，还能够帮助学生实现个人人格的美化。自然界中的花草树木都与个人的道德品质具有密切联系，比如石灰石，即使粉身碎骨也要将清白留在人世间，通过感受石灰石的特点能够教育学生做人要清清白白，这正是语文教材当中自然美对人格发展具有的重要启示。最后，挖掘语文教材当中的自然美对学生进行教育，还能够使学生个人的精神愉悦，开发个人智力。阅读课文中描绘的优美景色，可以让人们沉醉，使人们的精神愉悦。通过对这些自然美进行深入的理解和分析，能够获得更加深入的人生哲理，进而启发个人心智，促进个人智慧的发展。

（二）语文教材中的社会美

自然美呈现的是自然界中的美，那么社会美呈现的就是社会领域中的美。简单来说，社会美指的主要是社会当中的人及人类活动体现出的美。美是社会实践的产物，社会美是美最直接的体现。社会美与自然美在表现过程中有所不同，自然美侧重于形式表现，而社会美侧重于内容体现。因此，社会美具有一定的公益性，需要保证对社会当中的人、事、物有益，只有这样才能体现出它的"美"。

对语文教材当中的内容进行深入挖掘后可以发现，社会美在小学语文教材当中的体现主要呈现两个特点：第一个特点是社会美的设计范围比较广泛。通过总结可以发现，在四种不同的美当中，社会美包含的美育内容是最多的，而且涉及内容包括人们所处社会生活的方方面面。比如通过"站如松，坐如钟"能够体现出人的仪态美，而"俯首甘为孺子牛"可以体现出人的人格美。总而言之，语文教材当中蕴含的社会美非常丰富，而且这些内容包括社会的多个方面，当我们对语文教材当中丰富的社会美进行体会和感悟时，可以从这些美感传达的含义出发，对如今生活的社会进行反思，进而感悟更深刻的道理。

第二个特点是能够从社会美当中感受到强烈的善。一般来说，美和真、善是不分离的，社会美最本质的内容就是善。我们通过语文教材内能够体现社会美的文章中发现关于善的表达。语文教材中的社会美对善的表达主要体现在三个方面：第一方面是能够从社会美中感受我国的主流价值观，这部分内容也符合新课标的要求和社会主义核心价值观的要求，比如《为中华之崛起而读书》《梅兰芳蓄须》当中表现出的爱国主义精神，《我不能失信》《雷锋叔叔，你在哪里》《铁杵成针》等展现出的中华传统美德，等等。第二方面是能够通过社会美传达出人生哲理和生命价值，进而帮助学生树立正确的"三观"，比如课文《落花生》告诉我们每个人都要做对社会有用的人；《丁香结》告诉我们要有赏花的情调，同时还需要具备洒脱的人生态度。第三方面是借助社会美来传达多元化的文化，进而让我们对中华优秀传统文化进行传承和弘扬，这一特点在小学语文教材当中得到了充分的体现。比如课文《端午粽》《腊八粥》等对我国民俗节日进行了介绍，《十六年前的回忆》《金色的鱼钩》则对传统革命精神进行了弘扬。总而言之，这些课文对社会美进行了描绘，同时又从社会美当中体现出了善的内涵，有效丰富了社会美的价值内核。

语文教材当中对社会美的内容呈现具有多方面的价值，能够美化个人形象、净化人的心灵、促进社会和谐。在人们交往的过程中，第一印象非常重要，所以人们的容貌形象、言行举止都会影响他人对个人的情感。在《诗经·卫风·硕人》当中对于庄姜魅力形象的描绘栩栩如生，让人产生强烈的向往之情。人们的外在仪态是个人修养和气质的外在体现，所以高雅的外在姿态能够充分展现个人的内在魅力。虽然在语文教材当中这部分内容相对较少，但是这部分内容仍然能够对学生进行引导教育，帮助学生养成良好的生活习惯，促进个人外在形象的美化。古人向来重视"修身"，语文教材当中也有大量相关的人物形象，学习这些内容能够有效帮助学生提升个人道德品质、树立远大理想、提升学生个人智慧。向这些人物学习，能够有效促进学生个人心灵的发展和灵魂的升华。在部编版的小学语文教材当中，有150多篇社会生活类型的文章，这些文章通过多方面的内容向学生介绍了社会中存在的美，对这些美的内容进行学习能够让学生更好地分辨社会当中的真善美与假恶丑，并对社会主义核心价值观有一个深刻的理解，从而为促进和谐社会的建设贡献自己的力量。

（三）语文教材中的艺术美

艺术是指对现实进行形象化创作，所以艺术美其实就是艺术作品呈现出的美。一般来说，艺术作品具有明显的可以感知的形象美感，所以艺术作品当中蕴含的情感是我们能够直观感受到的。艺术美是通过创造而来的，所以艺术家在进行艺术作品创作时，需要以一定的标准来进行美的创造，他们能够通过不同的形式对自然界或者社会当中的内容进行艺术处理，然后将其"再现"出来。所以艺术美源于生活，但是又高于生活。也正因此，艺术美更能给人们带来强烈的精神享受。

语文教材当中艺术美的呈现有两种不同的方式：第一种是将某些艺术作为课文的内容，第二种是指将课文本身作为一种艺术。

1. 作为课文内容进行呈现

这种呈现方式主要是将不同的艺术作为主要的描写对象进行呈现。比如可以将固定的艺术形象当作主角进行艺术美的表现，如课文《赵州桥》《圆明园的毁灭》《纸的发明》《一幅名扬中外的画》就是将一种艺术形式当作主要的描述对象，并且按照一定的规律或者顺序对其进行全面的介绍。从体裁来看，这些课文主要是说明文或者散文。这些课文不仅能够帮助学生掌握必要的语文知识，同时还能帮助学生对相应的艺术知识进行深入的了解，进而让学生对其中的艺术美进行深刻的感知，从而激发学生对艺术美的兴趣，培养学生对艺术的热爱之情。尤其是当课文中描绘的艺术对象是中华优秀传统文化当中的艺术形式时，还能够有效提升学生对中华优秀传统文化的认可度，帮助学生树立正确的民族观。比如课文《一幅名扬中外的画》描绘的就是绘画美，这篇课文将《清明上河图》中热闹壮观的景象展现了出来，并且解释了这幅作品名扬中外的重要原因。对这篇课文进行学习，不仅能够让学生对绘画产生兴趣，而且能展现出中国传统绘画艺术的魅力，激发学生对中国传统艺术的自豪感。

另外，也可以将一种艺术形式穿插在一定的故事情节当中，间接地进行艺术美的呈现，比较具有代表性的有《陀螺》《芦花鞋》《竹节人》《惠崇春江晚景》《墨梅》《月光曲》等。这一类课文并没有着重对某一种艺术形式进行描述，而是将艺术当作一种辅助工具，帮助作者进行情感的表达。通过对这些课文进行分析后可以发现，这些文章比较注重情感传达，比如六年级语文课文《月光曲》，主要讲述了贝多芬创作《月光曲》的整个过程，文章通过描写鞋匠兄妹在听到这一乐曲时表现出的激动心情，从侧面反映出了音乐艺术强大的感染力。教师通过这篇课文的教学，要让学生深刻地感受到音乐的魅力。

2. 课文本身的艺术美呈现

通过对语文教材的挖掘可以发现，其中有很多优秀的文章可以当作艺术来进行教学，很多文章本身就具有强烈的艺术美感。通过阅读小学语文教材当中的课文，可以从中感受到强烈的艺术美。我们能够从那些优秀的课文当中感受到强烈的人文主题，在阅读这些文章时能够感受到真善美的存在，比如在六年级语文课文《桥》中，记录了一位老汉在山洪暴发之后组织村民安全撤离的故事，作为一名党支部书记，他能够在危急时刻承担起自己的责任，用共产党人应有的信念，保护村民的安全。这一故事充分体现了"桥"的主题，是主题美的生动体现。也有很多文学作品能够在语言表达方面表现出强烈的美感，比如诗歌的韵律、散文的清新、小说的生动，再加上不同的艺术手法，能够将课文表达的美有效体现出来。比如五年级语文课文《慈母情深》中，"背直起来了，我的母亲。转过身来了，我的母亲。褐色的口罩上方，一对眼神疲惫的眼睛吃惊地望着我，我的母亲的眼睛……"这一段话通过排比的艺术手法展现出了作者见到母亲时的场景，将母亲的状态生动地展现出来，同时又表现了作者个人情绪的变化。学生通过学习能够想象出作者描绘的场景，会不由得为之感动。

我们还能够从这些作品当中发现有很多素材来自我们的现实生活，但是通过作者的创作又能够呈现出与生活的不同之处。尤其是作者在创作的过程中，他们对事物的描绘都不是简单地刻画，而是要利用文字的表现力让读者对所处的社会有更加深入的认识和了解，进而以审美的眼光来对现实世界进行判断。比如，小学语文课文《穷人》，通过生动的故事情节和精彩的描写展现了穷人的坚韧与乐观。这篇课文没有直接描写渔夫家庭的贫困，反而描绘了温馨的家庭环境。通过描绘波涛汹涌的风暴天气，渔夫仍然需要出去打鱼，展现了整个家庭的艰辛。课文通过细腻的描写展现了渔夫贫困的生活环境和生活状态。这种真实而细致的描写，能让学生在阅读时感受生活的艰难。此外，即使家庭本就贫困，但是夫妻二人仍然愿意收养失去父母的两个孩子，通过夫妻二人简单的对话，刻画出了渔夫夫妻二人善良的品质，以及乐观、积极向上的精神。主人公虽然生活贫困，但他没有被困境击垮，仍然试图用自己的爱心来改变他人不堪的命运。作者通过描写主人公的坚韧和乐观，传递了一种积极向上的人生态度，更让学生感受到穷人内心的善良。这篇文章通过简单朴素的描写，不仅展示出了渔夫家庭的贫困，而且通过对比表现了他们面对贫穷却不失善良的品质，传达出了深刻的内涵与哲理，也体现出了文章整体具有的人文美感。

对小学语文教材进行深入挖掘和探究可以发现，语文教材当中呈现出的艺术美深刻且广泛。教师通过语文教学，引导学生感受其中的美，能够给学生带来更加强烈的美感体验。

语文教材当中的艺术美具有的价值主要体现在开发学生智力、促进学生情感、进行文化传承三个方面。

借助语文教材当中的课文来进行艺术美的教育，虽然是一种间接让学生感受艺术美的方式，但是通过对课文进行学习，能够让学生对艺术形式有一个基本的了解，进而了解不同艺术的形成过程和基本特色。对这些内容进行学习，能够让学生对不同的艺术形式有一个基本认识，进而在一定程度上激发学生的艺术智慧。对课文当中不同的艺术种类进行欣赏，能够逐渐改善学生的审美态度，促进学生个人审美能力的发展。感受课文当中描绘的美的事物，能够有效激发学生个人的审美情怀。通过感受艺术美，还能够对学生的情感进行熏陶。所以，不论是艺术形式还是艺术本身的美，都能够在无形中对学生产生影响。比如《一幅名扬中外的画》这篇课文，不仅将中国绘画艺术的精妙充分展现了出来，而且借助绘画艺术抒发了一定的情感。对这些内容进行学习，能够加深学生对中华优秀传统文化的了解，并且由此产生更加强烈的民族自豪感。而且，语文教材当中很多展现艺术美的课文与中华优秀传统文化相关，对这些课文进行学习，不仅能够帮助学生从中感受到艺术美，还能够加深他们对中华优秀传统文化的认识，进而培养学生对中华优秀传统文化进行传承的信念。

（四）语文教材中的科学美

狭义上的科学主要是指自然科学，比如物理学、化学、天文学等。广义上的科学是指体现自然社会思维客观规律的知识体系。而在小学语文教材当中展现的科学内容主要是指狭义上的科学。科学美的一种特殊体现是科学家在开展科研活动过程中利用自身的才能和探索精神不断对未知世界进行探索，进而发挥创造性。这一过程能对学生起到极大的激励作用，能够引导学生培养自身的科学精神和探索意识，进而投身于科学实践中。科学美的意义在于通过对客观世界与各种规律的学习和把握，从中获得满足感，促进个人的精神愉悦。

科学美的呈现方式和艺术美相同，一种是作为课文当中的内容来进行呈现，另一种是课文本身是科学美的呈现。

1. 作为课文内容科学美的呈现

对语文教材当中体现科学美的课文进行研究可以发现，这些课文的科学美主要从内容和题材两方面体现。

一方面，在内容方面展现科学美的课文，一般都注重进行自然科学知识的普及，以此来体现课文的科学精神，内容包括生物学、天文学、物理学、化学等多个方面。比如一年级的课文《小壁虎借尾巴》，这篇课文通过讲述小壁虎被蛇咬断尾巴之后向他人借尾巴的故事，让学生懂得了不同动物尾巴具有的用处，同时还让学生了解到了壁虎尾巴具有再生的功能。《太空生活趣事多》讲述了在太空生活时遇到的各种有趣现象。《我是什么》介绍了自然界中水的变化，让学生对雨、雪等自然现象形成的原因有基本的了解。《要是你在野外迷了路》能够帮助学生学会在野外进行方向的识别。总而言之，在小学语文教材当中蕴含着大量展现科学美的文章，对这些文章进行学习，能够开阔学生的视野，进而激发学生对自然科学的兴趣。

还有一部分相关的课文没有对特殊的科学道理进行讲解，而是进行了科学精神的体现。比如四年级的课文《千年圆梦在今朝》对中华民族追逐航天梦的历程进行了概括，展现了航天人勇于探索的精神。六年级的《真理诞生于一百个问号之后》一文，通过一些比较典型的案例来告诉学生，要想发现真理，需要对问题进行追根溯源的研究，展现出求真探索的精神。《方帽子店》告诉我们要学会不断创新。《他们那时候多有趣啊》告诉我们在迎接科学技术飞速发展的同时也要意识到技术可能带来的隐患，进而辩证地看待科学技术的发展。总而言之，在小学语文教材当中体现科学精神之美的课文也很多，而且其展示的内容并不是单一的。由此可见，小学语文教材对于学生科学精神的培养非常重视。

另一方面，语文课文内容逐渐从简单的儿歌、故事转变为说明文、记叙文、小说等体裁。比如，对于低年级的学生，多以故事的体裁出现，这些课文整体结构相对简单、通俗易懂，符合低年级学生学习的要求。比如一年级的《棉花姑娘》，就利用了拟人的手法讲述了棉花姑娘要求小动物给自己治病的故事，整个故事曲折有趣，能够吸引学生的注意力，通过对这篇文章进行阅读，能够让学生学习到一些生物常识。在进入中高年级之后，课文则通过说明文、记叙文的体裁来进行科学美的展示，这些体裁在结构上更加复杂，能够将相应的事物更加全面地展现出来，该体裁对于学生的要求更高。比如六年级的《宇宙生命之谜》一文，讲述了科学家探索宇宙的艰难历程，与《棉花姑娘》相比，《宇宙生命之谜》这篇文章逻辑清晰、说明方法多样、语言严谨，明显课文难度更高，符合高年级学生的学习要求。

2. 课文本身是科学美的呈现

语文教材当中的课文在内容和题材方面都具有一定的科学性，对课文的科学性展现能够培养学生科学严谨的态度。每一篇语文课文在创作过程中都要以科学性为基础，保证课文描绘的内容具有准确性，并在此基础上展现课文的教育功能。语文课程具有工具性和人文性的特点，而课文当中的科学美就是这两个特点最直接的体现。科学美要求课文当中使用的语言文字符合规范且合理，比如字词、注音等要保证准确，同时还需要做到没有语病，标点符号的使用也要符合要求。当然，最重要的是要保证课文的难度适中，符合小学生的学习特点。在课文当中还有一个非常重要的部分就是课文主题，课文主题需要具有一定的启发性，比如对于人生和社会的思考，学生通过学习不仅能感受到科学美的存在，而且要引发学生的深刻思考，让学生感受其中的情感。小学语文教材当中的课文在体现科学美时能够将其以一个较高的水准展现出来。但是语文教材编写比较复杂，要求相对较高，所以要想保证全部的课文都进行科学美的展示是非常困难的。部分选文确实存在思想主旨传递不当的问题，这在一定程度上降低了选文的科学美价值。

通过对教材当中的科学美进行挖掘和展示，能够对学生进行启迪，开发学生的智慧，提升学生的认知。在小学语文教材当中体现科学美的课文中蕴含着大量的科学知识，通过对这些知识进行教学能够帮助学生认识客观世界的奇妙。这些丰富的知识能够启迪学生的思想，开阔学生的眼界。科学美和其他美最大的不同之处就在于科学反映的真理需要学生带着个人的审美理解参与其中进行欣赏，进而理解科学美中的智慧，并获得精神愉悦。在科学美的引导下，学生个人的探索欲望也会被激发，进而促使学生拥有不断探索、追求真理的激情。

二、强化小学语文教师对美育与语文教育融合的认知

在学校可以成立专门的美育工作指导小组，对学校的管理者和工作人员进行引导，帮助大家了解美育的内涵、特点、功能等相关内容，让所有的管理人员和语文教师都能够认识到美育在素质教育中的作用。通过进行专业的教育引导，所有的相关工作者都要意识到在语文教育过程中美育的重要作用，进而促进两者的和谐与统一。语文是一门基础学科，其中蕴含了大量审美元素，因此促进美育与小学语文教育的融合能够有效提升美育的作用与效果，同时还能激发学生的学习兴趣，促进学生个人的发展。这种积极的教学引导也是提升学生学习效率和教学质量的重要动力。只有提升学校管理层的重视程度，才能引起语文教师的重视，进而落实到具体的工作当中。

学校也可以与其他优秀学校合作，共同构建美育教学平台，加强学校与其他学校的交流，共同进行美育研究。另外，学校也可以从社会上或者其他学校聘请一些优秀的教师到学校工作或兼职，传授优秀教学经验。为了提升小学语文教育的美育效果，学校还可以积极举办一些优秀的评选活动或者竞赛，为语文教师提供更多的实践机会，并在实践的过程中提升自己。在条件允许的情况下，学校要积极组织学校的教师进行培训，或者到国内外优秀学校进行深造，以此来开阔语文教师的视野，让他们拥有充足的能力去推进语文教育和美育的融合，展现出语文教学本身的美育作用。学校还需要加大对美育教学的资金投入，为语文教学提供良好的基础教学条件，鼓励教师积极参加美育类的相关培训或活动。对于表现优秀的教师，学校要给予一定的奖励，从而有效激发教师的积极性，让他们更加

主动地投身于今后的工作当中。对于学校现有的各种教学设施，语文教师要积极利用，从而有效促进美育和语文教学的融合，提升语文教学的美育作用与效果。

三、有效提升教师的审美素养

教师肩负着传道授业解惑的重任，所以在教学过程中，教师是否具有较高的审美素养，对教学效果和学生发展都具有极大的影响。因此，为了有效促进小学语文教育与美育之间的融合，提升学生的审美素养，学校有必要加强对教师的培训，提升小学语文教师的整体水平。

（一）帮助教师塑造良好的外在形象

教师的言行举止和个人形象是美育最直观的教学内容。因此，每一位语文教师都需要衣着打扮干净整洁，不能过度装扮，否则很容易分散学生的注意力，不仅会给学生造成不适感，而且有可能会影响教学效果。不论是在教学过程中还是在日常生活中，语文教师都要时刻严格要求自己，为学生做好榜样。比如在上课的过程中，教师首先要保证自己不迟到、不早退，才能教导学生养成按时上下课的好习惯。在教学过程中也要及时备课、提前准备，只有这样才能严格要求学生。总而言之，教师要在学生心目中树立一个良好的形象，才能对学生进行引导。语文教师个人的言行举止和外在形象也会在无形中对学生产生潜移默化的作用，而这本身就是美育的一种方式。

（二）引导教师树立高尚的人格

在教学过程中，如果语文教师不能以主动的态度来推进教学任务，那么学生个人审美体验的获得及审美素养的提升就会非常被动，教学效果必然也会因此而受到影响。因此，语文教师在教学过程中需要充分发挥学生的主动性，对学生进行主动引导，同时还要做到尊重学生，帮助学生逐渐养成良好的审美态度。要帮助学生养成良好的审美态度，首先要求教师自身有终身学习的态度，既要积极主动参加学校组织的各种活动和比赛，同时还要积极参与培训和进修，开阔个人视野，向学生进行正能量的传递。一个具有高尚人格的语文教师，在教学过程中能够将个人的优秀品质渗透到教学当中，进而对学生进行引导，帮助学生形成良好的人生观和高尚的人格。

（三）不断积淀个人的素养和学识

一位学识渊博的教师，在教学过程中能够运用先进的教学理念，同时也能根据不同学生的特点有针对性地进行教学指导。另外，还能够积极以语文教材为基础进行延伸，丰富语文教材当中的美育内容，进而带领学生发现美、欣赏美，并且做到创造美。在教学过程中。教师应发现每一名学生身上的闪光点，从而帮助学生树立信心，使其更加积极主动地参与之后的学习。教师也要积极主动地参与各种实践活动，比如教学竞赛、经验交流、教研培训等，在活动当中与其他教师进行交流互动，丰富个人经验与美学知识。除了积极开展各种实践活动之外，教师自己要养成爱读书的好习惯，不断阅读各类图书，丰富自己的知识，提高自身的素养，从而在教学过程中向学生传授除了课本之外的一些知识，帮助学生加深对美学内容的理解。比如在介绍西湖之美时，就不能仅仅局限于教材当中的内容，如可以介绍发生在西湖的一些故事。通过对书本之外知识的教学和引导，有效吸引学生的注意力，最终提升学生的学习效率。

四、积极推进教学形式的拓展与创新

（一）设定合理的教学目标

在小学语文教育与美育融合的过程中，首先要从实际教学情况出发，设定合理的教学目标，这也是体现小学语文审美理念的第一步。只有设定了合理的教学目标，才能够有效推进小学语文美育的开展，进而提升学生的审美素养。新课标要求语文课程的开展必须面向全体学生，同时要实现知识与能力、过程与方法、情感态度与价值观三方面目标的整合，从这些目标我们可以发现，小学语文教学不仅要着重培养学生个人的语文素养，而且非常注重美育。因此，在小学语文教学过程中需要不断促进语文教育和美育的融合，并且为了推进两者的融合要设立合理的教学目标。

首先要从知识与能力的角度设定教学目标。知识主要是指在教学过程中，教师要发挥自身的主导作用，对学生进行教学引导，帮助学生掌握语文学科的相关知识。而能力是指学生在对相关的知识进行学习之后，能够对知识进行有效的运

用和处理。只有学生具备了知识和能力，才能更好地将自己掌握的知识应用到实践当中，逐渐满足自身发展的愿望。在学生成长的过程中，知识与能力方面的目标是最基础的目标，也是最容易实现的目标。设定教学目标这项工作是教师在教学过程中需要完成的主要任务，还可以通过成绩指标来检验学生对知识和能力的掌握程度。在知识与能力目标设定的过程中，其与美育之间的联系主要体现在三个方面：一是学生在朗读语文课文的过程中，要通过正确的发音和适当的语速感受课文表达出的语言魅力。二是要在教师的引领下，帮助学生对课文当中描述的内容有进一步的了解与认识，进而让学生在"三观"萌芽阶段就感受到各种美的事物。三是要对不同课文的作者生平有一定了解，了解作者创作这一文章的动机和背景，进而更加深刻地感受作者的创作情感，这样也能够有效帮助学生树立正确的审美观念。

其次是进行过程与方法目标的设立。在进行过程与方法目标设定时，教师需要更加密切地关注学生，既要了解学生个人对于知识的追求，同时还要从实际情况出发，尊重学生的个体情感差异，进而促使其主动进行学习。探究学习方法，要在尊重学生个人身心发展规律的基础上，激发学生的潜能，实现学生成长的目标。教师对学生的了解程度将会影响教师在教学过程中是否能够给予学生足够的尊重和认可，而这也会直接影响语文教学过程中美育的渗透。所以，语文教师在实际的教学过程中，不仅需要时刻进行教学方法的创新，还要与学生打成一片，通过与学生进行深入的交流，了解学生对于语文学科的基本态度和认知，只有这样才能在教学过程中判断应该如何进行教学。比如在进行散文教学时，教师首先要带领学生对课文进行朗读，体会文章的优美，然后对课文当中的重点内容进行深入探究与讨论，尤其是通过重点语句对人物性格特点进行分析，进而把握课文主旨。在进行小说教学时，则要分别从人物的语言、神态、动作、心理活动等方面进行分析，学习小说中人物刻画和情感表现的方式。最重要的是要在教学过程中给予学生足够的主动性，让他们发挥自身的主观能动性，对课文内容进行讨论与分析，进而发现其中美的内容。

最后是情感与价值观目标。情感与价值观目标要求学生不能只具有积极的学习兴趣和明确的学习目标，同时还应当对学习始终保持乐观的心态，始终带着求真务实的态度进行学习。尤其是在语文教育与美育融合的过程中，教师需要将个人价值与社会价值进行有效融合，并且渗透到语文教学当中，让学生在发现美的过程中形成正确的价值观。情感与价值观目标也是语文教学中的最后一个目标，通过梳理明确的情感与价值观目标，能够帮助学生完善人格，提升个人的思想境界，而这些内容本身也是语文教育和美育融合过程中的衔接内容。比如小学语文教材中的《黄继光》，在进行这一课文的教学时，想让学生真正理解抗美援朝时期战争的残酷并不容易，因为当代学生无法获得切身的体会。但是通过对这一课的教学，学生就能够从中感受到黄继光为了革命胜利奋不顾身、牺牲自我的伟大精神。不仅如此，在当今时代，奋不顾身、勇于牺牲的精神仍然具有深刻的影响。因为不论在什么时代，每个人都要有维护国家和人民利益的精神，只有这样才能在大是大非面前做出正确的选择，而这正是情感和价值观教育的宗旨。

在小学语文教师教学的过程中，需要将情感态度和价值观渗透到教学的整个过程中，在进行知识传授的同时帮助学生提高个人素养，只有这样才能进一步体现审美教育的作用，充分发挥美育具有的促进学生个人素养发展的作用。

（二）深入挖掘语文教材中的美育资源

前文已经提到在小学语文教材当中蕴含有大量的自然美、社会美、艺术美、科学美等相关内容。这里主要更加细致地探究如何在教学过程中发现这些美的内容，并且如何有效对这些美育资源进行利用，培养学生的审美情趣和审美能力。

首先，教师可以对文章中的优美词句进行提炼，让学生感受课文的语言美。只有让学生对文章产生共鸣，才能对文中表达的含义和营造的意境有更加深刻的理解。对课文内容进行仔细阅读，才能感受每一行文字的魅力。比如五年级的课文《鸟的天堂》中的一段文字，"那翠绿的颜色，明亮地照耀着我们的眼睛，似乎每一片绿叶上都有一个新的生命在颤动"，将榕树展现出的蓬勃生命之美生动地描绘了出来，体现出了榕树强大的生命力之美。

其次，也可以对教材深层次的价值进行研究，感受价值体现出来的美。在进行课文朗读时可以通过语言感受到语言美，如果在语言的基础上进行更加深入的理解，则可以发现作品的"灵魂"之美，进而引发更深层次的情感共鸣，最终激发学生对于美的创造力。比如通过《黄继光》这篇课文就可以让学生学习到黄继光的伟大精神，而通过更深层次的发掘，则可以进一步展现学生个人的潜力，培养学生美的创造力。

最后，教师在教学过程中还要积极进行课外美育资源的拓展，丰富语文教学内容，因为学生对于审美的获取是一种非常主观的获得，不仅局限于教学课堂或者某一个领域，所以语文教师在教学过程中不能将内容局限在语文教材当中，而要不断从课外寻找美育资源，提升美育的深度和广度，加深学生对于美的感悟。

（三）丰富美育在语文教学中渗透的方式、方法

在教学过程中教师要与学生进行积极的互动。很多教师认为互动就是提问，这一认知明显比较片面，虽然提问是一种互动方式，但是两者却不存在等同关系。在小学语文教学过程中教师的提问将会对美育效果产生非常直接的影响，如果提问时机不对，则有可能适得其反。另外，如果在学生不知道答案的情况下对其进行提问，不仅会导致学生情绪紧张，而且会影响学生参与的积极性，进而妨碍学生对美育资源的挖掘。这种不科学的互动不仅会导致学生学习效率下降，还有可能导致课堂氛围变得压抑，进而对最终的教学质量产生影响。如果这种情况长期得不到有效改善，最终会引发学生的抵触情绪，对师生之间的关系造成不良影响。积极科学的互动能够对整个课堂教学的开展起到积极的作用，在提升教学质量的同时，还能优化课堂教学环境。在教学过程中，教师与学生的任何交流都是互动，比如眼神交流、语言交流、动作交流等。一般来说，学生自主推荐进行问题的回答，才算是比较有效的互动方式。尤其对于小学生而言，他们的自律性相对较差，而好奇心却比较重，所以他们经常会提各种各样的问题。这时教师就需要发挥自身的引导作用，引导其进行主动学习，在一个相对轻松的氛围当中获得想要的知识。

可用启发式教学将美育与语文教育相融合。启发式教学就是以教师为主线，教师为学生提供线索，然后让学生自己独立思考解决问题的方法。这种方法能够有效调动学生的积极性，进而开发学生智力，让学生发现语文知识中深层次的美。比如在进行《丑小鸭》一课的教学时，教师可以设置一些问题，让学生带着问题

对课文进行理解并进行讨论，然后确定最终答案。在教学结束之后，学生便可以更加深刻地理解正确认识自己、善待他人、相互尊重等道理。

除了以上这些方式之外，语文教师还可以通过案例教学法、小组讨论法、翻转课堂法进行教学，通过多样化的方式提升语文教学质量，实现美育与语文教育的有效融合，充分体现语文的美育作用。

（四）有效提升语文课堂的美育渗透效果

语文学科兼具人文性和工具性的属性，在教学过程中既需要运用逻辑性对文章进行分析和探究，同时还需要严谨地对内容进行有效分析，只有这样才能将语文的多面性充分展现出来。因此，为了能够在语文教学过程中保证语文教学质量，提升小学生的审美素养，就必须有效促进美育在语文课堂当中的渗透。

首先，教师在教学之前要精心备课，而这正是促进美育渗透的重要前提。语文教师在备课的过程中要对课文内容进行深入的研究和分析，融入个人独到的见解，也要从小学生的角度出发对教学计划进行优化，保证教学内容符合学生学习的规律，只有这样才能有效发挥语文的美育作用。客观来说，小学生已经具备了简单的审美能力，但是审美能力还不成熟，所以在教学过程中需要教师对学生进行引导。在小学生的审美欣赏过程中，教师要通过教育和引导，不断提升学生的审美能力，让他们可以从接受具象事物上升为可以接受抽象的事物。而对于艺术作品表现出来的兴趣，也要从表面的形式和题材转变为更深层次的内容和题材。只有学生在学习过程中逐渐摆脱了这些内容的束缚，才能对学习内容展现出的美有更加深入的理解。

总的来说，小学生对于美的认知仍然处于初级阶段，所以具有较强的可塑性。教师在这一过程中需要对学生进行积极正面的引导，只有这样才能促进学生的发展。因此，教师在教学之前需要对教学内容进行精确的设计，尤其是对于不同年级的学生，需要做到有效区分，将枯燥的知识美化，吸引小学生的注意力，从而让学生感受其中的美。比如在讲解课文《咏鹅》时，教师就可以在备课的过程中准备一些天鹅的照片或者动画，通过具体的物象帮助小学生对古诗描写的内容进行理解，让学生获得更好的学习体验。

其次，教师还需要保证教学课堂的质量，这也是提升学生审美素养的重要基础。为了保证小学语文课堂的教学质量，教师在教育教学过程中需要灵活施教，通过多样化的美感方式帮助学生了解教学内容，让学生加深对教学内容的记忆，从而提升学习效果。这样不仅能够让学生快乐地学习，还能够促进学生审美能力的发展。

　　在提升语文课堂教学质量时，教师首先要学会激发学生的好奇心。比如在进行《丑小鸭》一课的教学时，教师可以先通过播放视频或图片的方式让学生对丑小鸭产生好奇，进而再让学生主动地对课文内容进行学习，感受丑小鸭在成长过程中展露出的蜕变之美。当然，教师在教学之前也可以向学生提问，设置一些对学生进行引导的问题，比如"丑小鸭在逃亡的过程中遇到了哪些人""丑小鸭为什么会逃亡"等，让学生带着问题进行学习，在自主学习结束之后可以选择与同学或者教师进行交流，通过互动的方式加深学生对美的认知。通过有效提升课堂教学效率，让学生感受到丑小鸭的蜕变之美、生命之美。

　　为了保证语文教学课堂的质量，教师可以利用多媒体进行情境教学，通过巧妙利用新媒体技术，在课堂当中为学生营造一个与课文内容相似的环境，进而加深学生对课文内容的理解。比如在进行《桂林山水》这一课文的教学时，教师可以首先播放桂林山水的相关视频，同时通过音响设备播放声音，让学生产生身临其境的感觉，真正感受桂林山水的自然美。同时还可以向学生讲述桂林的人文风俗，让学生感受桂林的社会美和文化美，让学生在课堂内就可以感受到祖国的大好河山。总而言之，多媒体是科学技术发展的产物，通过对多媒体的巧妙利用，教师能够有效改善课堂教学氛围，提升教学效果，充分展现出课文中的各种美。

　　提升课堂教学质量，离不开教师生动的语言。语文本身就是一种语言艺术。语文教师在教学过程中，一个眼神、一段具有深意的话或一个贴切的比喻，都能够起到吸引学生注意的作用。因此，教师在教学过程中需要合理使用语言，展现出语言的魅力。首先，教师要保证个人口齿清晰，使用普通话进行教学，同时还可以使用一些修辞手法将一些抽象化的内容呈现给学生，充分调动学生的学习积极性。当然，在教学过程中教师还要注重语调抑扬顿挫，保证课堂氛围具有起伏性，只有这样才能将学生带入教师营造的教学情景当中，帮助学生感受课文之美、语言之美。

其次，面对不同年级的学生，教师在教学过程中使用的语言也要有所区别，比如对低年级的学生应当保证语言简洁易懂，同时还要语气温柔。而对于高年级的学生可以相对严肃地进行教学，同时要保证语言的规范性。

最后，需要保证课后作业的规范。课后作业既是课堂的延续，也是对美育进行总结的保证。美育在小学语文教学当中的渗透不仅体现在语文教学的课堂上，教师还需要对学生保持长期关注，了解学生课后的学习情况。比如通过课后作业对学生掌握知识的情况进行基本了解。在进行《爬山虎的脚》这一课文教学之后，教师可以要求学生自己查找爬山虎的图片或者视频，在情况允许时对真正的爬山虎进行近距离的观察，然后记录爬山虎的外形特点。这样的课后作业不仅能够帮助学生巩固知识，还能够有效提升学生的学习兴趣，也可以让学生的审美能力在无形中得到提升。

总之，在审美教育与语文教育融合的过程中，课后作业也非常重要。语文教师在布置课后作业时，需要将作业与审美教育有效结合在一起，充分调动学生的观察能力、表达能力和鉴赏能力，全方位提升学生的审美素养。

第八章　小学语文教育与信息技术的融合

新课标要求教师在教学过程中逐渐实现个人身份的转变，逐渐从讲台前的教学活动转变为讲台后的主导活动。这种转变充分体现了学生地位的提升，也代表着对于学生主体性的重视。尤其是随着信息技术的不断发展及其在教育领域中的应用，信息技术成为实现新课标的重要推动力。信息技术与小学语文教育的融合，有助于教师在教学过程中利用信息技术的优势，改变传统语文教学的内容呈现方式，打破纸质文本和传统教学时空的局限，从而有效发挥学生个人的自主学习能力，进而有效突出学生的主体地位。

最重要的是，信息技术与小学语文教育之间的融合，能够进一步暴露传统语文教学存在的不足，从而促进教师在之后的教学过程中改进教学方式，并且能够促进师生的平等交流，提升语文的教学效果。

第一节　小学语文教育与信息技术融合的现状

通过对小学语文教育与信息技术的融合情况进行调查，能够及时发现两者在融合过程中面临的问题和存在的不足，进而在教学过程中充分发挥教师的主导作用，推进信息技术在语文课堂当中的应用，促进两者的融合。

一、调查分析

（一）信息技术在小学语文教育中的应用情况

通过促进小学语文教育与信息技术的融合，教师能在语文课堂上营造一个良好的信息化环境，进而促进语文教学效果的提升。因此，有必要对信息技术在小学语文教育中的应用情况进行一定的调查。

通过对部分小学的语文课堂进行观察发现，教师在进行语文教学过程中使用信息技术的占比约为 87.5%。但是在问卷调查当中，对于"在语文教学中，是否每节课都会使用信息技术？"这一问题的调查结果显示，有 70.4% 的教师表示自己每节课都会使用信息技术进行教学；有 24.9% 的教师表示自己不会每节课都使用信息技术，但是会经常使用；有 2.3% 的教师表示自己没注意；还有 2.4% 的教师表示自己不会使用信息技术进行教学。从这一项调查当中可以发现，很多教师在语文教学过程中会使用信息技术，甚至使用频率相对较高，但是仍然有一部分教师不会使用信息技术进行教学。

（二）教师对于使用信息技术教学的态度

这项调查的主要目的是分析教学过程中教师对于信息技术的态度。在笔者对教师进行访谈调查的过程中发现，对于"您认为是否有必要在小学语文教学当中使用信息技术？"这一问题，基本上所有的教师认为在教学过程中使用信息技术非常必要。

教师 H：现如今的信息发展速度太快，我们学校很多工作的开展需要以信息技术为基础，尤其是教学，教学作为学校工作的核心内容，在开展过程中自然离不开信息技术的帮助。有了信息技术的帮助，教学工作才能事半功倍。

教师 L：我个人认为在语文教学过程中使用信息技术非常必要，尤其是年轻教师更喜欢这种方式。因为使用信息技术进行语文教学非常便利，同时还能够保证教学效率，而且国家也明确支持要推进教育信息化的进程，这也充分说明了信息技术在教育当中所具有的作用。

教师 O：在语文教学过程中使用信息技术是有必要的，而且和传统的语文教学方式相比，利用信息技术进行教学确实非常方便。我已经习惯了使用信息技术进行语文教学，现如今我上语文课已经离不开信息技术了。

在语文教学过程中，教师使用信息技术的目的也非常重要，因为使用信息技术的目的不同，对实际教学效果的影响也就不同。因此，有必要对小学语文教师使用信息技术教学的目的进行一定的调查。在 260 份有效的教师调查问卷当中，有 118 人表示自己使用信息技术进行教学是因为信息技术能够帮助自己节省时间，所占比例约为 45.4%；有 21 名教师表示自己使用信息技术是因为技术能够满足个人发展需求，所占比例为 8.1%；有 79 名教师表示自己使用信息

技术进行语文教学是为了应对上级检查，所占比例为 30.4%；剩下的 42 名教师表示自己使用信息技术进行教学是为了顺应教育发展的潮流和趋势，所占比例为 16.1%。

（三）教师使用信息技术的基本情况

为了有效推进信息技术与小学语文教育的融合，教师在教学过程中需要促进传统教学方式的改变，要以信息技术为基础，突破时空教学界限，帮助学生养成良好的学习习惯。因此，有必要对教师使用信息技术的基本情况进行一定的调查，这一情况能够将教师的教学习惯充分地展现出来。

1. 教师使用信息技术进行教学的频率

从调查中可以发现，在小学语文教学当中信息技术的普及度相对较高。在教师组织的 90 次课堂活动当中，有 78 次活动使用了信息技术，剩下的 12 次活动没有使用信息技术。从这一项数据当中可以发现，语文教师使用信息技术的频率相对较高。

2. 教师使用信息技术发挥的功能

在信息技术与小学语文教育融合的过程中，需要充分将信息技术融入课堂教学当中，为教师教学提供更加多样化的教学方式，同时还要充分展现信息技术应有的教学功能，为学生提供服务。

从这一项调查可以发现，在教师使用信息技术开展的活动当中，信息技术展现的功能主要包括信息演示、知识拓展、情景营造、互动交流等方面，这几种功能出现的次数分别是 50 次、14 次、8 次、6 次。由此可见，在小学语文教学当中，利用信息技术进行教学信息演示的功能使用约占 64.1%，进行知识拓展的功能使用约占 17.9%，营造教学情境的功能使用约占 10.3%，进行互动交流的功能使用约占 7.7%。这几项数据充分说明教师在使用信息技术进行语文教学时，对于其知识拓展、情景营造和互动交流等功能不够重视。

为了能够对教师使用信息技术的基本情况进行进一步了解，笔者还与部分语文教师进行了访谈交流。对于"除了课堂教学之外，你还会在课外使用信息技术进行与语文教学相关的活动吗？如果使用的话，做了什么？如果不使用的话，又是什么原因呢？"这些问题的部分回答如下：

教师 J：因为前段时间的疫情，不得不使用信息技术进行线上教学，所以除了在课堂当中使用信息技术教学之外，还会使用信息技术布置作业、修改作业、与学生和家长进行沟通。

教师 I：在疫情结束之后，课下使用信息技术的情况相对较少，但是有时也会使用信息技术布置作业，并且与学生进行沟通交流。

教师 M1：在课下使用信息技术，主要是为学生发送一些课件，分享一些优秀的文章，除此之外与教学相关的活动就比较少了。

从这一项调查可以发现，教师除了在课上使用信息技术之外，课下主要是利用信息技术来布置作业，或者与学生进行沟通与交流。总体而言，虽然教师在语文教学过程当中会经常使用信息技术进行教学，但是他们还不能将信息技术的功能充分发挥出来，这也从侧面体现了信息技术与语文教学之间的融合不够充分。

（四）使用信息技术进行教学取得的效果

在语文教学过程中使用信息技术进行教学的根本目的是取得更好的教学效果，进而有效促进学生的发展。因此，笔者还通过调查对使用信息技术进行教学取得的实际效果进行了一定的分析。

"信息技术对于学生语文素养提升的情况"是一道多选题,在这一项调查当中,有 67.2% 的教师认为进行信息技术教学能够帮助学生更好地掌握基础知识，有 47.1% 的教师认为利用信息技术能够帮助学生拓展课外知识，有 45.9% 的教师认为利用信息技术能够提升学生的合作探究能力，有 29.8% 的教师认为利用信息技术能够有效提升学生的自主学习能力，有 47.6% 的教师认为利用信息技术能够有效激发学生的想象力，丰富学生个人的情感体验。

另外，通过对教师进行访谈也可以发现，很多教师认为使用信息技术对于学生个人的发展非常有效。

教师 M2：在使用信息技术进行教学之后，我最大的感受就是学生对于陌生字的掌握变得更加容易，尤其是那些比较抽象难懂的字词，利用信息技术能够将其更加形象地展现出来，学生很容易就能理解，所以学生对这些基础知识的掌握

效果也变得更好了。

教师H3：我在进行古诗词教学时，通常会先播放古诗词的朗诵音频，朗诵完之后让学生跟着一起朗读，久而久之就可以增强学生读古诗时的节奏感。

教师Y：我个人认为使用信息技术进行教学，能够为教师带来一定的便利，但是对于学生来说，是否使用信息技术进行教学似乎并没有太大的区别。

教师A5：我在教学过程中发现，使用信息技术对学生学习语文具有较大的帮助，但是效果却不够明显。不过通过合理利用信息技术，能够有效帮助学生积累大量知识和素材，丰富学生个人的知识库。

通过对以上调查内容和访谈结果分析可以发现，就目前而言，信息技术在小学语文教学当中已经得到了一定普及和推广，为小学语文教育和信息技术的融合提供了良好的基础。但是信息技术功能的体现比较单一，在很多方面取得的效果都不够明显。

二、小学语文教育与信息技术融合过程中存在的问题

通过相关的调查可以发现，虽然目前信息技术在小学语文教学中的普及率比较高，有效推进了相关教学活动的开展，但是在具体实施的过程中仍然面临诸多问题。比如教师对于信息技术的认识比较浅显、教师使用信息技术教学过于形式化、信息技术对学生学习方式的改变具有一定的局限性、信息技术与语文教学之间的融合无法体现出学科特点、信息技术对师生之间的交流互动影响不大等。

（一）教师对信息技术的认识比较浅显

在推进小学语文教学与信息技术融合的过程中，首先要遵循深度融合的理念，以促进学生的个性化发展为主要目标。换句话说，在教学过程中使用任何技术手段都要以促进学生个人的发展为主，以这一理念为基础才能更好地促进小学语文教育与信息技术之间的融合。对语文教师进行调查可以发现，很多语文教师在教学过程中会使用信息技术，他们都表示在教学过程中使用信息技术非常有必要。但是在访谈过程中却发现，有的教师使用信息技术仅仅是为了减轻教学压力，因为网络当中有很多教学资源，对这些网络资源进行利用，能够节省很多时间和精

力。也有一部分教师表示自己使用信息技术是为了应对上级的检查和考核，如果不使用信息技术就违反了上级的规定。还有教师表示使用信息技术进行教学是当前的趋势，如果在这样的环境下依然使用传统的教学方式，会显得落伍。当然，也有一部分教师认识到了信息技术对于教学的促进作用，并且进行了深入的思考，他们认为利用信息技术进行教学能够取得更好的教学效果，因为教材当中很多的知识内容与学生的实际生活有一定差距。比如在四年级《母鸡》这一篇课文中，现如今城市的孩子很少有人见过母鸡，所以即使课文描绘的内容非常形象生动，也不如播放一些照片或者视频来得更有用，因为视频或图片会让学生对母鸡有更加直观的了解。

通过以上调查和访谈可以发现，很多语文教师在教学过程中对于信息技术的使用缺乏深刻的认识，仍然停留在表面。在推进小学语文教育与信息技术融合的过程中没有将学生放在主要位置，忽略了两者融合应有的认知与人的本质，所以导致工作缺乏深层次的融合。

（二）教师使用信息技术教学过于形式化

信息技术与小学语文教育的深度融合，能够有效促进教师教学方式的转变。尤其是语文教师在使用信息技术进行教学的过程中，如何有效发挥出信息技术的作用与功能是语文教师需要重点考虑的问题。教师在教学过程中利用多媒体技术设备组织学生进行教学并且开展相关活动，和传统的教学相比已经发生了极大改变。传统的教学方式无法体现出学生个人的主体性作用，限制了学生个人的发展，而以信息技术为基础进行教学则能够给予学生主动性。但是在调查过程中发现，很多教师在使用信息技术进行教学时无法取得令人满意的教学效果。笔者通过记录发现，语文教师在使用信息技术开展的 78 次教学活动当中，对固定的教学信息进行直接展现的次数所占比例约为 64.1%，而且在使用新媒体展示教学信息过程中呈现的很多图片和视频与教学活动本身并没有关系。其他剩余部分大多是为了促进学生个人认识的拓展，激发学生个人情感，促进教师与学生的交流。通过访谈也发现，很多教师对于这一情况有所提及。比如教师 C1 表示自己非常喜欢在上课的时候使用信息技术，因为这样不仅可以将自己想要提问的一些问题呈现

在电子设备上，还可以通过大屏幕直接展现出来，方便学生观看和记录。通过调查问卷也可以发现，很多教师在教学过程中愿意为学生提供电子服务，但是服务的内容却以布置作业为主，只有一小部分教师会利用这些技术与学生进行沟通交流，或者进行资源拓展。

通过以上内容可以发现，虽然很多小学语文教师在教学过程中会利用信息技术进行教学，但是信息技术的优势并不能得到充分的展现和发挥。比如在课堂教学当中使用信息技术进行教学内容的呈现，这样的方式无法从根本上实现教学方式向现代化的转变，反而有可能导致语文教学陷入一定的困境，由照本宣科转变为照"屏"宣科。在课堂中使用信息技术时，大多数教师用其来进行教学内容的展示，从这一角度来看，信息技术与传统的黑板并无区别。有很多语文教师除了在课堂教学中使用信息技术之外，在课下几乎不会利用信息技术，即使有一部分教师会使用信息技术，也只是利用信息技术进行单向的消息传递，既不能满足学生的学习需求，也不能将信息技术多元化的功能充分体现出来，甚至有可能还不如传统线下教学的教学效果。总而言之，教师在教学过程中使用信息技术的情况只是停留在表面，没有实现信息技术与小学语文教学之间的深度融合，存在明显的形式化问题。

（三）信息技术对于学生学习方式的改变具有一定的局限性

促进小学语文教育和信息技术之间的深度融合，能够在一定程度上促进学生个人学习方式的转变，而且在教学过程中学生本身就是学习主体，所以在信息技术的支持下要有效促进个性化教学的实现，进而满足学生的发展需求。《教育信息化十年发展规划（2011—2020年）》明确指出，要通过利用信息技术帮助学生养成良好的学习习惯，进而形成积极自主使用信息技术的意愿，同时还要让学生学会利用信息技术进行自主学习和合作学习，提升个人使用信息技术解决问题的能力，有效提升学习质量。笔者通过实地调查发现，虽然在教学过程中，语文老师使用信息技术进行教学的频率较高，但是信息技术大多数时候是用来呈现固定的教学内容，缺乏新意。通过与学生交流发现，很多学生也表示有相同的看法。有的学生表示，在上课的时候绝大多数教师会使用多媒体进行教学，但主要内容就是播放文档或者通过其他方式展示教学内容，形式非常单一，学生只需要负责听就行。由此可见，虽然在语文教学过程中，教师会经常使用信息技术，但是内容大多相似，只是改变了学习内容的呈现方式，而无法体现出学生作为主体的主动性。对于信息技术的使用仍然掌握在教师手中，学生没有参与信息技术教学的权利，只能被动接受知识。语文教师使用信息技术除了进行知识的呈现之外，还会用其进行作业的布置，向学生分享与课文相关的资料等，只有偶尔会借助信息技术与学生进行互动交流。

通过总结分析发现，目前在小学语文教学当中使用信息技术仍然具有极大的局限性，无法将信息技术的功能充分展现出来。在课堂教学中，虽然有一部分教师会有意识地利用信息技术进行教学，完成教学任务，但是教师对信息技术的认知有限，主要是利用信息技术进行知识的传递，而无法利用信息技术提升学生的主动性和积极性。因此，信息技术对学生学习方式的改变仍然非常片面，对于学生的作用并不明显。

（四）信息技术与语文教育的融合无法体现学科特点

语文是一门涉及内容非常广泛的学科，最突出的特点就是具有人文性和工具性两个特点。工具性主要体现在阅读、写作、人际交往等方面，而人文性则体现在通过进行语文学习能够促进个人思想的发展与进步。从人文性的角度出发开展语文教学，需要做到以学生为本，在教学过程中充分考虑学生的差异性。因此，在促进信息技术与小学语文教育深度融合的过程中，需要从语文这一学科的基本特点出发，将信息技术有效融入语文教学的各个过程与环节当中，将语文教育的人文价值充分体现出来，促进学生语文素养的整体发展。通过调查问卷可以发现，在信息技术与小学语文教育融合的过程中，很多学生利用信息技术能够在课文知识获取方面实现极大的进步。但从更深层次来看，小学生在个人情感体验方面却没有获得更多的发展。总而言之，在小学语文教学与信息技术融合的过程中，没有将语文工具性和人文性的特点统一体现出来，导致对小学生个人综合素养的提升效果非常有限。

目前，语文教师在使用信息技术进行语文教学的过程中大多是利用电子设备

直接进行知识的呈现，或者按照固定的套路引导学生进行其他内容的学习，虽然表面上是在使用信息技术，但实际上阻碍了学生进行主动学习的积极性，没有为学生提供独立思考的机会，最终导致学生个人信息素养得不到有效提升。综合以上内容可以发现，在信息技术与语文教育相互融合的过程中，没有将语文这一学科的特点充分体现出来。在目前阶段的语文教学当中，对信息技术的使用还仅仅停留在表面，没有实现信息技术与语文教育的深度融合，也忽略了学生个性化学习体验的获得。

（五）信息技术对师生的交流互动影响不大

客观来说，有效运用信息技术能够极大地丰富教师与学生的互动方式，实现师生关系的转变。尤其是利用信息技术进行交流，能够改变学生被动的交流方式，帮助教师与学生构建一种和谐平等的交流关系，让教师与学生可以更加具有针对性地沟通交流。其实教学过程本身就是一个互动的过程，在教师与学生互动的过程中，不同的互动方式会影响最终的互动效果。

通过调查问卷的结果可以发现，教师在教学过程中偶尔会利用信息技术与学生进行互动和交流。

就目前而言，虽然教师和学生对信息技术的热情普遍较高，但是在利用信息技术进行语文教学的过程中没有充分发挥信息技术的作用来促进师生互动方式的转变。所以，在目前的语文课堂当中，学生与教师之间的互动仍然处于教师为主体、学生被动进行交流的状态，这种传统的师生交流方式依然没有得到改变。

三、小学语文教育与信息技术融合过程中问题的成因

信息技术与小学语文教育的深度融合是一个长期复杂的过程，在实际的开展过程中出现很多问题也是难以避免的。国家已经从宏观层面对小学语文教育和信息技术的融合进行了肯定，在落实的过程中需要学校、教师、学生共同努力，所以在进行原因分析时主要从学校、教师和学生三个角度出发。

（一）学校信息化教学水平有限

学校是开展教育活动的主要阵地，也是推进教育信息化发展的重要场所。因此，在推进小学语文教育与信息技术融合时，需要将各项工作落实到学校的日常

工作当中。信息技术与语文教育的融合，与学校的信息化教学水平具有极大的关系。通过调查可以发现，学校的信息化管理能力较差时，其对小学语文教育与信息技术的融合所起到的促进作用非常有限，易出现信息化教学资源与教学需求不匹配、信息化教学培训和引导乏力、信息化教学评价过于注重形式等问题。

1. 信息化教学资源与教学需求不匹配

在小学语文教育与信息技术深度融合的发展过程中，需要良好的信息化教学环境作为保障，所以在推进融合工作开展的过程中拥有全面的信息化教学资源非常重要。然而从目前学校信息化建设情况来看，现有的信息化教学资源相对匮乏，无法充分满足小学语文教育与信息化技术融合的教学需求。

一方面，学校信息化资源管理工作有待进一步改善。在小学语文教育与信息技术深度融合的过程中，需要教师充分利用信息平台，加强与学生之间的互动，进而在教学过程中充分发挥信息技术平台的个性化作用。为了保证信息技术可以满足学校师生在深度融合要求下的教学活动，保证教学活动的顺利开展，学校需要积极推进信息化设备建设，为信息教学活动的开展提供良好的信息基础。

教师 M2：虽然目前小学中已经安装了多媒体设备，但是这些设备却没有联网，然而在教学过程中，多媒体的很多功能需要依靠网络才能使用，所以现在就只能将其当作进行课件展示的工具。

教师 S4：虽然现在这些设备非常先进，功能也多，但是很容易出现故障，一旦出现故障就会影响教学进度，反而不利于教学的开展，所以我在教学的时候一般只用来进行 PPT 的演示，很少用来进行其他功能的展示。

由此可以发现，目前很多学校对信息技术缺乏有效的管理和后续保障，再加上网络限制等问题，导致设备的功能得不到充分的发挥。这样不仅会限制信息技术与小学语文教育的融合，而且会影响教学活动的开展。教师以信息技术平台为基础，构建以学生为中心的新型教学模式也会受到影响。

另一方面，学校的信息化语文教学资源有待更新和完善。笔者通过调查问卷及对教师的访谈了解到，虽然有一部分学校在推进信息化建设的过程中建设了自己的课程资源库，但是这些教育资源无法满足实际的教学需求，甚至很多课程没

有以学生的需求为出发点。很多教师明确表示，虽然学校现阶段建设了自己的课程资源库，但是资源库内的课程内容非常单一且长时间没有更新。学校的课程资源质量参差不齐，能够供学生选择的空间非常有限。因此可以发现，现如今使用的信息化语文课程资源不仅内容单一陈旧，而且与信息化发展的趋势脱轨，这给教师教学工作的开展带来了极大的不便，同时也无法满足学生的个性化发展需求。在小学语文教育与信息化技术融合的过程中离不开强有力的信息化教学资源作为支撑，只有这样才能让语文教师全面充分地进行教学设计。所以，信息化教学资源的匮乏和陈旧也是小学语文教育与信息技术融合存在诸多问题的原因之一。

2. 信息化教学培训和引导乏力

在推进小学语文教育与信息技术融合的过程中，学校忽视了对语文教师的专业培训。而语文教师作为推进小学语文教育与信息技术融合的关键，个人的信息素养和教学能力必然会直接通过两者的融合情况体现。但是从目前的情况来看，学校对教师进行专业培训的责任没有落到实处，很多教师在提升个人信息化教学能力时，仍然需要依靠自身的努力。在对教师进行访谈的过程中发现，很多教师表示学校本身并没有组织过相关的培训或者学习活动。还有教师表示自己唯一接受过学校组织的培训就是对信息技术的使用。从这些内容当中不难发现，对于教师信息化教学能力的培养，学校并没有发挥应有的作用。第一，学校没有专门为教师组织信息化教学的培训活动，导致语文教师个人专业能力的提升非常有限，这也是语文教师信息化教学能力差异较大的主要原因。不仅如此，还有一些学校在组织培训的过程中会让行政部门的工作人员对教师进行培训，主要是进行信息技术的训练，这对于语文教师综合能力的提升效果不明显。第二，虽然有一部分学校为提升教师的信息化教学能力开展了专业的信息化培训，但是在培训过程中将教学培训和技能培训混为一谈，导致培训内容过于狭窄。客观来讲，要想有效推进小学语文教育与信息技术的深度融合，仅仅对教师进行信息技术掌握能力的培训还远远不够。在利用信息技术开展语文教学时，不能将信息技术单纯地当作一种教学工具，而应当将其当作推进传统教学向现代化教学发展的动力，只有这样才能在教学过程中充分展现出信息技术的多样化功能，为提升学生的综合素养发挥作用。因此，不论是学校还是教育部门，在为语文教师开展信息化培训的过程中，都应当将信息化教学培训当作一门综合性的培训，而不是简单地进行技能培训。

另外，在推动信息技术与小学语文教学深度融合的过程中，学校还缺乏良好的引导。任何教学活动的开展，一旦脱离了学校的支持和引导都会失去方向。在对语文教师进行访谈的过程中，很多教师表示学校开展的教育活动内容非常单一，通常学校会支持在教学过程中利用信息技术进行教学，但是实际的教研活动仍然是以传统教学方式为核心进行，信息技术得不到有效的使用。学校没有发挥带头作用，只是负责进行信息技术设施的安装，并没有就信息技术如何开展相关教研活动进行深入研究和探讨。由此可见，在小学语文教育与信息技术深入融合的过程中，学校忽视了引导作用，导致教师在教学过程中开展的相关教学和研究缺乏组织性。

任何教育活动的开展和教学改革的成功都离不开学校的支持，同时也需要教师与学生的相互配合。但是从前文可以发现，在小学语文教学信息化发展的过程中，部分学校没有发挥好自身应有的主导作用，既忽视了对教师的信息化能力培养，同时又在教师开展教育教研活动时缺乏有效的引导，最终导致很多教师在教学实践过程中遇到很多困难，对小学语文教育与信息技术的融合产生了消极的影响。

3. 信息化教学评价过于注重形式

教学评价具有激励、导向、调节等不同的功能，在小学语文教学信息化发展的过程中，如何充分发挥教学评价的作用、对信息化语文教学进行引导、促进小学语文教育与信息技术的融合，是学校需要解决的重要问题。笔者通过对多所小学的实地调查发现，很多学校在推进小学语文信息化发展的过程中，会将信息技术的使用当作一个重要的考核标准。很多语文教师表示，自己在教学过程中如果不使用信息技术，很有可能影响到个人的考核分数，如果某位教师的多媒体课件做得比较好，那么考核成绩也可能会更好。部分教师表示，学校对信息化教学的考核标准当中的首要条件便是是否使用了信息技术，而且在教学过程中，如果使用视频、音频等多元化的形式，考评结果可能会更好。通过教师的访谈结果可以

发现，目前在小学语文教学信息化发展过程中，对于信息化教学评价的核心内容是是否使用了信息技术，而对于信息技术在语文教学过程中的功能体现和效果呈现却有所忽视。信息化教学归根结底是为教学提供服务，而忽视学生的成长对教学进行评价很显然并不客观。这样的信息化教学评价标准会让很多教师在教学过程中忽视学生的主体性，也无法从整体角度出发对小学语文教学进行把握，只会单纯地利用技术来呈现语文知识，最终无法帮助学生提升个人的文化素养。

（二）语文教师个人综合素养有待提升

在语文教学过程中，教师具有引导者、促进者、传播者等多重身份，教师个人的信息素养和学科素养将会对实际的教学效果及语文教育与信息技术的融合效果产生直接影响。在目前的小学语文教学过程中，语文教师个人的综合素养有待提升是导致诸多问题存在的重要原因之一。具体可以将教师个人素导致的问题划分为缺乏科学的信息化教学观念、信息化教学实践能力不足、缺乏扎实的专业学科知识等三个方面。

1. 缺乏科学的信息化教学观念

促进小学语文教育与信息技术的深度融合是当今时代教育现代化发展的重要理念，因此在教学过程中，语文教师要想有效提升语文教学质量，首先需要具备科学的信息化教学观念，对小学语文教育与信息技术的融合有一个客观且深刻的认识，从自身出发，利用信息技术开展语文教学，有效推进小学语文教育与信息技术的深度融合。在与语文教师访谈的过程中，针对"您如何理解小学语文教育与信息技术的融合？"这一问题，教师 M2 表示自己只能感受到小学语文教学与信息技术融合这一理念比较先进，如果将其应用到实际的教学过程中，可能会提升实际的教学效果，但自己对于这一理念的认知确实有些匮乏，只能简单地将其理解为利用信息技术进行语文教学。教师 C3 认为小学语文教育与信息技术的融合，其实就是要将信息技术当作语文教学的一个重要组成部分，在推进两者融合的过程中，需要积极使用信息技术进行教学。但是现如今很多语文教师在教学过程中已经离不开信息技术的支持，这是否意味着已经实现了小学语文教育与信息技术之间的融合呢？从访谈的内容可以发现，一部分小学语文教师对小学语文教育与信息技术融合的理念缺乏充分的认识，尤其是在谈及两者深度融合时，很多教师表现得非常困惑。也有一些教师对信息技术与小学语文教育的融合存在一定的错误理解，认为在教学过程中只要使用信息技术就代表两者实现了融合。在"非疫情时期的线下教学当中，教师使用信息技术进行教学的情况"这一话题的访谈中发现，很多教师表示利用信息技术进行知识传授和布置作业就代表实现了小学语文教育与信息技术的融合。还有教师认为在特殊情况下利用信息技术进行教学没有必要，即使使用信息技术，也只是利用其布置作业。这些情况都在一定程度上反映出教师对信息技术与小学语文教育的融合缺乏深刻的认识，这些教师在使用信息技术进行语文教学的过程中没有充分发挥出信息技术的作用，对教学结构的改变非常浅显。

通过对以上内容进行综合分析不难发现，大多数小学语文教师对于小学语文教育与信息技术的融合存在认识错位的问题，这不仅代表着教师的教学行为缺乏科学的教学理念作为引导，而且代表着教师在教学过程中无法有效推进与信息技术的深度融合。

2. 信息化教学实践能力不足

在拥有了正确的认识和理念之后，还需要将其付诸实践才能体现出理念的作用。教师在推进小学语文教育与信息技术融合的过程中，需要通过实践活动来促进信息技术、语文教学内容、教学方法之间的融合，并且根据不同的教学环境进行内容的调整，保证其始终具有良好的教学效果。在对教师进行访谈调查的过程中笔者发现，很多语文教师表示在小学语文教育与信息技术的融合过程中面临的最大问题就是自身实践能力不足。教师 Y 表示自己在教学过程中遇到过很多困难，最难以解决的就是自身实践能力较差的问题，虽然自己从事语文教学工作多年，对信息技术的使用也越来越熟练，但是信息技术的更新速度非常快，信息化资源也越来越丰富，自己掌握这些内容需要花费很多时间，难免会产生心理压力。在推进小学语文教育与信息技术融合的过程中，如果教师个人能力有限，对信息技术的操作能力掌握不够熟练，那么就会在教学知识加工、获取等方面落于人后，进而影响实际的教学效果。教师 H2 的认知是比较正确的。他表示如果利用信息

技术进行语文教学不算将两者融合的话，那么自己就不太清楚怎么做才算是促进了语文教育和信息技术的融合，而且怎样做才能更好地促进学生的发展，提升实际的教学质量。现如今推动语文教学和信息技术融合的理论非常多，但是只有理论却没有实践。虽然自身在教学实践方面的能力不足，但是那些知名的优秀教师在教学过程中并没有花里胡哨地进行教学设计，依然能够做到以学生为中心，这是什么原因呢？虽然有很多语文教师表示促进小学语文教育与信息技术的融合在当今时代是非常先进的理念，但是对于那些资历深、年纪大的语文教师来说，他们在长时间的教学当中已经习惯了使用传统的教学方式。要想在有效的时间内实现教学思维的转变，不仅难度较大，而且会给教师带来很大的压力。所以说，目前很多语文教师在教学过程中缺乏信息化教学设计能力，导致对信息技术的使用仍然停留在简单的教学知识呈现方面，无法充分实现信息技术和语文教育的融合，也无法充分发挥出学生的主体作用。

小学语文教育与信息技术的融合效果与教师个人的实践能力具有密切的联系。通过调查发现，很多教师在实践过程中的表现并不好，再加上个人对信息技术的掌握不够深入，所以无法很好地进行信息化教学设计，最终导致小学语文教育与信息技术的融合效果非常有限。

3.缺乏扎实的专业学科知识

信息技术在与不同学科融合的过程中，要充分体现出不同学科的特点和要求，只有这样才能在利用信息技术进行教学时有效提升学生的能力。在推进小学语文教育与信息技术融合的过程中，教师作为教学活动开展的主体，个人的学科素养必然会对教学理念的落实、教学活动的开展产生重要影响。通过实际的调查可以发现，目前小学语文教育与信息技术融合的过程中存在明显的学科特点且无法体现的问题，而这自然与教师个人对学科专业知识掌握不扎实有一定的关系。为了对教师个人的学科专业知识掌握情况有一定的了解，笔者对教师的访谈情况进行了整理。

笔者：您是否了解语文这一学科的基本特点？

教师H：我认为语文的基本特点就是工具性和人文性。工具性就是指学生要学会使用语文，利用语文的相关知识来处理生活中的各种问题。而语文的人文性是指在教学过程中需要发挥出语文的文化熏陶作用，通过教学不断提升学生个人的文化素养。

教师B2：我只知道小学语文具有工具性和人文性的特点，但是对于更深层次的内涵却不是很了解。在我个人看来，工具性就是帮助学生学会利用语言文字，而人文性则更像语文潜移默化的影响作用，是一种隐性的内容。

笔者：您是否了解小学语文课程的教学目标？

教师X：我认为小学语文教学的目标是存在一定差异的，需要根据不同的年龄区别对待，比如低年级的语文教学重点就是帮助学生识字、写字，打好文化基础。而到了中高年级之后，则需要提升学生的阅读理解能力和写作能力，让学生的语文综合素养得到进一步提升。

教师J2：我认为进行语文教学的最终目的就是要让学生学会使用语文，进而在之后通过不断的自主学习，让自己不断成长。而在语文学习中，听、说、读、写这四个方面能力的提升是最为关键的。

教师S3：其实我对于小学语文课程的目标并不了解，只会按照每一篇课文的具体目标来进行教学，比如某篇课文要求学生掌握哪些生僻字、背诵哪些内容等。而对于整个语文课程的教学要达到什么样的目标，其实我个人并不十分清楚。

笔者：您在语文教学过程中会做哪些准备工作？

教师G2：我进行语文教学的时间已经将近10年，对于整个语文教学的流程比较熟悉，而且已经形成了一套自己的教学模式。所以我对语文内容比较了解，在教学之前也不需要做什么准备工作。唯一需要进行准备的就是在使用新教材之后，需要对原来没有的课文内容进行备课，然后开展教学，但是整体上差异并不大。

教师B：一般我在进行语文教学时，首先会对课文的内容进行一定了解，然后参考课文的教学目标，进行教学内容的划分。有时候也会购买一些教学辅导资料，并结合自己以往的教学经验进行教学。

通过对访谈内容的分析可以发现，很多小学语文教师对于语文这一学科的整体把握并不充分。首先，一部分语文教师对语文学科的基本特点认识不深，虽然他们知道工具性和人文性是语文的基本特点，但是不了解这两个特点的真正内涵。很多教师对于工具性的理解比较混乱，了解得不够详细和具体。而在人文性方面，有的教师将其狭隘地理解为提升学生理解课文思想情感的能力。由此可见，小学语文教师对语文人文性和工具性这两个特点的理解基本是将其进行割裂后分析的，而无法将两者融合在一起进行探讨。其次，语文教师对小学语文课程的目标也缺乏系统化的认知，小学语文课程教学目标从总体来说包括提升学生的语言文字运用能力、养成良好的语文习惯、促进个人美好情感的发展、提升个人品位等多方面。因为很多教师对语文教学的目标存在一定的误解，所以简单地认为语文教学的重点就是提升学生的听、说、读、写能力，这就导致学生语文素养的提升不够全面。最后，语文教师对于教材的理解也比较片面。教师在教学过程中无法对教材当中的内容进行全面深刻的理解，尤其是在新课标的要求下，很多教师仍然将对教材的研究停留在课文内容的讲解上，无法进行更深层次的分析与设计。不断进行教学改革的目的就是帮助学生走出教材的局限性，在教师的引导下拓展课外阅读。但是通过实际调查可以发现，很多教师并没有真正意识到教育改革的真正意义，导致其仍然无法脱离以语文教材为根本的教学习惯。

语文教师对教材文本的阅读和研究，能够从一定程度上反映教师个人对于专业知识的掌握程度。但是从目前的情况来看，很多教师对于语文知识本身的认识不够全面，所以小学语文教育与信息技术融合得不够深入，无法充分体现出小学语文的学科特点，而这也是导致学生个人语文素养无法有效提升的重要因素。

（三）小学生身心发展特点的制约

在小学语文教育与信息技术深度融合的过程中，不仅要从教的角度进行分析，更要认识到学这方面存在的相关问题。在信息化环境下开展小学语文教学，需要不断提升学生的自主学习能力，充分发挥学生的学习主体作用，促进信息技术与小学语文教育的深度融合。

1. 小学生自觉性较差

小学生的年龄相对较小，没有形成成熟的个人学习能力，所以在学习过程中更需要他人的引导。有的语文教师明确指出，贪玩是每一个孩子的天性，尤其是在小学阶段，孩子贪玩的本性尤为突出，如果在这一阶段没有对他们进行合理引导，或者没为他们布置学习任务，那么他们的学习就会受到影响。笔者通过实地调查发现，如果教师在语文教学过程中没有发布明确的学习指令，大部分学生就不会进行主动学习，甚至有时候还会处于一种无所事事的状态。总而言之，小学阶段的学生自觉学习的意识非常薄弱，对于教师的依赖性比较强，这种心理的存在会导致学生的自我发展受到极大的抑制，甚至有可能对小学语文教育与信息技术的融合造成不良影响。

2. 学生自控能力较差

相对而言，小学生精力旺盛，对于新鲜事物充满好奇心，但同时又因为自我控制能力较差，所以在利用信息技术进行学习的过程中，很容易被网络中的新鲜事物吸引，进而无法全身心投入学习当中。因此，很多教师在教学过程中会控制信息技术的使用，这样就会导致信息技术与语文教育的融合受到影响。在访谈中也有教师提到了这些内容，教师 H2 表示在疫情期间，因为无法进行线下教学，所以不得不将教学从线下转到线上，在使用网络进行语文学习时，学生难以避免地会被一些无关信息干扰，比如游戏、小视频等。虽然在疫情得到有效控制之后，教学工作由线上转移到线下，但是如果使用信息技术进行语文教学，那么学生也会不可避免地被这些因素影响。毕竟小学生的好奇心较重，同时自控能力又较差，所以经常会打着学习的名义进行玩乐。由此可见，因为小学生的自控能力相对较差，所以教师在使用信息技术进行教学时会比较犹豫，他们会担心利用信息技术进行教学适得其反。

第二节　小学语文教育与信息技术融合的策略

对小学语文教育与信息技术融合过程中存在的问题及成因进行分析后可以发现，影响两者有效融合的主要有学校层面、教师层面、学生层面的问题。因此，在制定推进小学语文教育与信息技术融合的策略时，也需要从学校、教师和学生这三个角度出发。

一、学校层面：完善信息化教学管理

学校作为教学活动发生的主要场所，在学校开展任何教学改革活动，都离不开学校的支持。因此，在推进小学语文教育与信息技术融合的过程中，教师需要充分发挥自身的方向引导作用，不断完善学校的信息化教学管理，从而为小学语文教育与信息技术的融合提供良好的保障。

（一）优化信息化教学资源

在促进小学语文教育与信息技术融合的过程中，需要以丰富完善的信息化资源为重要基础。要想保证小学语文教育与信息技术的深度融合，就要保证其拥有丰富的信息化教学资源，以此来实现语文教学信息化发展的精准资源配置。所以在这一过程中，学校需要认识到信息化教学资源的重要性，并且要对学校信息化教学资源进行有效维护和升级，保证教学资源能够适应语文教学信息化发展的趋势。

在优化信息化教学资源时，首先要保证硬件资源的不断升级。通过调查发现，虽然很多学校在校内建设了信息技术硬件资源，但是在建设完成之后就置之不理，导致这些信息技术设施无法发挥应有的作用。为了改变这一现状，学校需要认识到学校硬件资源建设的重要性，并且要积极推进校园网络的建设，在学校内部建设一个稳定的校园网络环境，为教师使用信息技术开展教学活动提供良好的网络环境。学校还要将对信息硬件资源的维护纳入日常管理工作当中，聘请专业的工作人员对相关设备进行专业维护，保证信息设备的稳定运行，进而为小学语文教育与信息技术的融合提供强有力的硬件环境支撑。

除了信息化硬件资源之外，学校还需要创建良好的信息化软件资源，比如优质的语文课程资源。如果能够在信息技术的帮助下让语文教师便捷地获取语文教学资源并且进行教学，则可以为语文教师提供更多参与语文教学信息化发展研究的机会。鉴于部分小学目前阶段语文课程资源建设不理想，学校需要从实际情况出发，进行信息化语文课程资源的优化，有效实现语文教育和信息技术的深度融合。在优化信息化软件资源的过程中，首先，学校需要不断地对语文课程资源进行丰富，建设线上课程资源库，引进图片、视频等多种形式的教学资源，并且按照不同年级进行分类整理，方便教师在教学过程中更充分地利用这些内容。其次，学校还可以进行自主课程的研发，组织学校优秀团队进行优质课程的编写，根据学校的实际情况和教学需求创作具有学校特色的语文课程，进而更好地满足学校的个性化教学需求。最后，学校还需要邀请专业人员建设学生服务平台，通过线上服务平台为学生提供便利的个性化在线指导，让学生自主选择优质语文资源进行学习，满足自身的个性化发展需求。

（二）组织教师开展专业系统的信息化教学培训

在教学过程中尊重学生的主体地位并不代表教师在教学过程中的作用降低，而是代表教师身份的转变。新的师生关系更加强调教师个人的主导作用，需要教师在教学之前积极进行教学环境的设计，优化整体教学环境。这时教师个人的信息技术水平就显得格外重要，所以在教学过程中，教师必须掌握扎实的理论基础知识和实践技能，将教学方式、教学内容和信息技术进行有效融合。因此，学校需要积极对语文教师进行信息化培训，提升语文教师的信息化教学水平。

在对小学语文教师开展信息化培训的过程中，首先要不断进行信息化教学培训内容的调整。通过调查发现，很多教师表示自己接受过信息化教学培训，但是培训的内容比较单一，主要集中在技术层面。因为仅仅掌握信息技术并不能有效地开展信息化语文教学，所以学校在开展培训工作时，需要不断完善培训内容。学校在组织语文教师进行培训时，要先进行相关理论的培训，要让语文教师正确看待语文教育与信息技术的融合，学习相关的指导理论，形成科学的融合观念。另外，很多教师对于信息化技术与小学语文教学之间的融合模式并不了解，因此学校在组织教师培训的过程中，可以进行一些典型的案例教学，让教师把握将理论内容转变为实践的基本思路。除了基本理论和实践模式之外，学校也需要通过专业的培训，帮助教师掌握信息技术的基本操作。因为在小学语文教学与信息技术融合的过程中，对于信息技术的操作是一项必备技能，所以学校必须意识到对教师进行基本信息技术的操作能力的培训的重要性。

学校在对语文教师进行培训的过程中，不仅要丰富信息化教学培训的内容，还要不断丰富培训方式。学校在组织语文教师进行培训时，可以通过集中培训和分类培训两种方式进行。一般情况下，学校使用的培训方式主要是将教师集中起来进行统一培训，虽然这样的培训方式节省时间，但是缺乏针对性。因此，学校需要将培训方式进行区分，根据培训内容进行一定的调整，比如在进行基础内容培训时，可以选择集中培训的方式，尽可能帮助全体教师进行这些内容的学习，比如开展讲座等。但是，当语文教师对基础性的知识有所了解之后，要根据教师对信息技术掌握情况的差异，以及所教学科的差异进行分类培训，尽可能让每一位教师都能够取得良好的培训效果，进而促进个人能力的发展。

（三）定期组织教师进行信息化教学研究

小学语文教育与信息技术的融合会受到多方面因素的影响，比如学校的信息化程度、教师个人的专业能力、小学生个人的身心发展情况等。所以，在推进小学语文教育与信息技术融合的过程中，每一所小学都要从自身实际情况出发进行探究，毕竟其他学校信息化实践取得的成果很难直接移植到本校当中。所以学校需要发挥带头作用，带领语文教师共同进行语文教学的信息化研究，共同探索小学语文教育与信息技术融合的新型教学模式。

首先，在学校内部要建立立体化的信息化教学研究组织，明确校长、教导主任、教师之间的职责。提升学校管理人员对这项工作的重视程度至关重要，所以要构建包括管理人员在内的组织体系，发挥学校领导的带头作用，实现自上而下的学习，在学校内部营造一个良好的研究氛围，保证小学语文教育与信息技术的融合在一个有序的环境下进行。另外，学校也可以建立一个专业的信息化研究团队，对不同学科与信息技术的融合进行研究，这更要立足于学校的实际情况进行研究，定期开展小学语文教育与信息技术的融合研究工作，发现在融合过程中面临的困惑和疑问，组织教师共同进行研究和探讨，最终制定合理有效的解决措施。除此之外，管理人员还可以在学校内部积极组织教学竞赛、线上交流等活动，通过各种实践活动激发教师的研究热情，使其在实践过程中积累经验，进而促进小学语文教育与信息技术的融合。

（四）健全信息化教学评价体系

科学合理的课程教学评价体系能够有效促进教学效果的提升和发展，然而目前部分小学对语文信息化教学的评价过于注重外在形式，忽视了育人的根本目的，导致教师在小学语文教育与信息化融合的过程中缺乏充足的动力。因此，学校有必要在之后的教学工作当中不断健全和完善教学评价体系，以便更加客观、真实地对实际的教学效果进行评价。

在教学过程中，学校首先要不断丰富信息化教学评价的指标。小学语文教育与信息技术融合的核心在于通过教学结构的转变促进学生的全面发展，所以在小学语文教育与信息技术融合的过程中，不能简单地将其理解为利用信息技术进行语文教学，而应该将重点放在教师开展信息化教学的整个过程中，比如小学语文教育与信息技术融合的内涵、融合教学理论等。在对小学语文教育与信息技术融合进行考量时，也要综合从教师、学生等不同方面进行。学校需要从自身出发建立完善的信息化教学评价指标结构，即在开展教学评价工作的过程中需要对各项指标的权重进行有效区分，并且通过协商保证各个评价指标体系的平衡与合理，进而保证信息化教学评价既准确又灵活。

总而言之，在对小学语文教育与信息技术融合教学进行评价时，要利用信息化评价对教学进行激励和引导，有效提升信息化教学的整体质量，为教师开展信息化教学提供充足动力，有效实现小学语文教育与信息技术的深度融合。

二、教师层面：全面提升教师的综合素养

在教学过程中，教师发挥着主导作用，任何教学活动的顺利开展都与教师的教学行动具有密切联系。因此，在促进小学语文教育与信息技术融合的过程中，教师需要不断提升自身的专业素养，充分发挥自身在小学语文教育与信息技术融合过程中的推动作用。

（一）树立正确的融合观念

在小学语文教育与信息技术融合的过程中，教师首先需要树立正确的观念，科学地看待信息技术与小学语文教育的融合，并且能够在融合过程中合理利用信息技术，发挥自身的主导作用。语文教师要在利用信息技术教学的过程中，做到以学生为中心，构建全新的教学模式，促进学生的全面发展。然而通过调查和访谈发现，目前很多语文教师对小学语文教育与信息技术的融合并不理解，导致他们不能正确地看待两者的融合，使其在教学过程中出现了很多问题。因此，为了

避免这些问题的出现，教师需要树立科学的融合观念，正确看待小学语文教育与信息技术的融合。

首先，教师在教学过程中不能将小学语文教育与信息技术的深度融合简单地看作利用信息技术进行语文教学，因为这样一来就会让语文教学无法实现实质性的转变。语文教师需要通过学习掌握科学的教育理论，以此来丰富个人的头脑，还要在教学过程中养成对相关理论进行研读的好习惯，对小学语文教育与信息技术融合的先进理论进行系统化的了解，进而在科学理论的指导下开展融合工作。教师要想正确地认识小学语文教学与信息技术的融合，不仅需要不断更新自己的理论知识，还需要从实际的教学需求出发进行分析，时刻关注小学语文教育与信息技术的融合情况，及时将掌握的相关融合理论内化运行，真正体现出学生的主体性，把握好小学语文教育与信息技术融合的基本诉求。

其次，语文教师还要发挥好线上教学与线下教学相互补充的作用。随着信息技术的不断发展，利用网络开展教学俨然已经成为一种全新的教学模式。在语文教学过程中使用信息技术进行教学已经成为一种趋势，或者说线上教学已经成为当下教学的一个重要组成部分。但是很多教师对线上教学缺乏正确的认知，他们认为线上教学是疫情防控期间不得不做的选择，而在疫情常态化防控与放开之后，线上教学就失去了开展的必要。所以现在信息技术成了很多教师传递消息的工具，而这正是信息技术与小学语文教育融合效果不佳的主要原因之一。因此，教师在教学过程中需要改变对线上教学的偏见，用客观全面的眼光来看待线上教学。在日常的语文教学当中，教师可以通过信息技术及时了解国家的相关政策和新闻事件，也可以利用信息技术学习其他学校和其他国家线上教学的成功经验，进而在教学过程中加以运用，提升学生的参与度，促进教师与学生之间的交流与互动。另外，教师还要在教学过程中根据教学内容及时进行线上教学和线下教学的调整，发挥线上教学和线下教学的互补作用。通过线上教学和线下教学的有效融合，提升教学效果，促进学生的全面发展。

（二）提升教师个人的信息化实践能力

教师树立了科学的融合观念，并不代表着教师就可以有效推动小学语文教育与信息技术的融合。任何先进的理念只有付诸实践，才能体现其先进性。前文明确提出在小学语文教育与信息技术融合的过程中，教师开展信息化教学的实践能力相对较差。因此，教师需要在今后的工作当中不断进行锻炼与实践，提升个人的实践能力。

首先，教师要熟练地掌握各种信息技术，在教学过程中充分展现不同信息技术的功能。随着信息技术的不断发展，各种各样的技术层出不穷，这为信息技术与小学语文教育的融合提供了良好的技术条件。同时也出现了很多问题，比如语文教师掌握各种信息技术时比较吃力，所以无法将信息技术的功能充分展现出来。为了解决这一问题，教师需要正确看待自己的不足，进而通过锻炼不断地提升自己对不同信息技术的操作能力。教师要通过锻炼克服自己对于信息技术的畏惧心理，不断对各种信息技术进行尝试，开展自主学习和研究。同时还要积极参加教育部门和学校组织的相关培训活动，不断提升自己对信息技术的掌握程度。

其次，教师需要提升个人的教学设计能力。在小学语文教育与信息技术融合的过程中，要体现出语文的学科特点，并且尊重学生的主体性地位。所以，教师在教学过程中进行教学设计至关重要。笔者通过调查研究发现，部分语文教师只了解教学理念本身的内涵，在教学过程中却不会针对信息化教学进行有效设计，导致最终的信息化教学无法满足学生的发展需求。因此，教师需要在教学过程中不断进行实践和摸索，通过锻炼有效提升个人的教学设计能力，改变以往单一的教学模式。针对目前小学语文教师教学设计能力欠缺的问题，教师需要不断进行探索与实践，学习国内外优秀的教学模式，比如翻转课堂模式和混合教学模式，并且在教学过程中要根据实际教学需求，选择合适的教学模式，保证取得事半功倍的教学效果。当然，教师在吸取他人教学经验时不能盲目照搬，而要结合学校和班级的实际情况及学科特点进行教学的设计，保证教学能够持续取得效果。在教学过程中，教师要在课前准备、课堂教学、课后反馈等各个阶段进行教学模式的调整，构建以学生为中心的全新教学模式，充分发挥信息技术在教学过程中的促进作用，加深教师与学生的互动。总而言之，教师在教学过程中要通过不断实践摸索出一套具有自身特色的教学模式和教学思路，并且应用在语文教学当中，

从而有效促进小学语文教学与信息技术的融合。

（三）对小学语文课文进行深入的研究与分析

在小学语文教育与信息技术融合的过程中，教师需要始终遵循以学生为本的原则，并且要以促进学生全面发展为目标。因此，在小学语文教育与信息技术融合的过程中，教师对课文本身的把握非常重要。小学语文教师有必要对语文课文进行深入研究，巧妙地促进信息技术与课文的融合，进而促进教学效果的提升。

在对语文课文进行研究和分析时，教师首先要把握语文这一学科的基本特点。语文是一种重要的交际工具，同时也是人类文化的一部分，所以语文的基本特点就是工具性和人文性的统一。在促进小学语文教育与信息技术融合的过程中，教师要把握好语文学科的特点，将其当成提升语文教学质量的重要条件。语文教师在进行小学语文的教学时不应当将教学内容局限于语文教材，也不应当将知识的传授当作语文教学的核心。在进行知识传授的同时，教师还需要帮助学生培养良好的思想情感，进而促进学生个人能力和个性的发展。通过对语文学科的基本特点进行深入了解，教师要形成以学科特点为核心进行语文教学设计的意识，根据实际的教学需求选择适当的教学方法，促进工具性和人文性的统一，有效实现学生的全面发展。在语文教学过程中，教师需要牢牢把握住语文这一学科的基本特点，有效利用信息技术的各种功能，积极进行教学情景的设计和互动活动的设计，保证学生充分参与其中。

在对具体的教学内容进行分析时，教师需要以教学目标为引导明确教学的开展方向。在语文教材当中，不同的单元都有单元引导，单元引导就是教学活动开展需要参考的重要依据。比如五年级上册语文教材的第三单元，单元引导明确指出本单元需要学生了解课文内容，并且创造性地进行故事复述。但是在具体的教学过程中，每一篇课文的课后导学设计却又存在一定差异，如《猎人海力布》要求学生变换人称，通过自主表演的方式对故事进行复述；而《牛郎织女》则要求学生充分发挥个人想象力，通过续编故事的方式对学生的创造力进行锻炼。由此可见，不同的要求对于学生语文素养的提升并不相同，但是彼此却环环相扣。因此，在小学语文教育与信息技术融合的过程中，教师必须对教材内容进行整体分析，并且要结合单元引导与课后导学，针对性地进行信息化教学设计。通过分析还可以发现，在同一单元的课文当中，不同课文的课后导学之间具有一定的关联性和层次性。所以，教师在进行教学设计时需要有效联系不同课文的课后导学，同时突出不同课文的侧重点，进而保证学生个人的能力得到全面立体化的提升，避免在教学过程中出现工具性与人文性相互脱离的情况。

除了对语文课本进行深入研究和分析之外，教师还需要了解语文课程的标准。因为语文课程标准不仅对语文学科的教学目标进行了回答，而且针对不同阶段的语文教学提出了非常具体的发展目标，能够为小学语文教学活动的开展提供指导性的意见。因此，在小学语文教育与信息技术融合的过程中，小学语文教师需要对语文课程标准的相关内容进行深入研究与分析，从语文学科的整体出发把握好语文教学活动开展的方向，同时还要针对教学过程中的不同内容设计不同的教学计划，进而有效提升学生个人的语文素养。比如在对低年级学生进行陌生字词的教学时，要充分利用学生的兴趣点对陌生的字词进行形象化处理，更加直观地呈现在学生面前，调动学生的感官对陌生字词进行学习。在学生进入中高年级之后，则要培养学生独立认识陌生字词的能力，教师要通过引导作用让学生学会独立查阅字典，并且自主进行思考。在学生自主学习之后，教师要利用信息技术与学生进行讨论与交流，肯定学生自主学习取得的成果，并给予学生鼓励，让学生拥有自主学习的动力。在教学结束之后，教师也要按照语文课程的标准对自己的教学过程进行分析，对于没有满足课程标准的相关内容进行反思，并且要逐渐弥补自己在语文教学过程中暴露的不足。学校领导需要在这个过程中充分发挥表率作用，牵头开展语文教研，要让语文教师在教研过程中结合实际教学情况进行讨论，逐渐消除语文教师对新课程标准的错误认识。

三、学生层面：提升学生利用信息技术进行自主学习的能力

在小学语文教育与信息技术融合的过程中，重点在于利用信息技术促进学生学习方式的转变，让学生从被动学习变为主动学习，同时能随时随地进行学习。总而言之，在信息技术与小学语文教育融合的过程中，不能将其当作教师一个人

的事，学生也需要在这一过程中发挥作用，学生要自主进行学习，解决学习过程中遇到的难题，实现个性化学习目标，满足自身的个性化需求，并促进个人的全面发展。但是小学生受身心发展水平的限制，在信息技术教学的过程中，很难对信息技术进行有效使用。因此，教师和家长要在教学引导过程中为学生提供帮助，帮助学生形成自主学习的好习惯，促进个人学习方式的不断转变。

（一）帮助学生形成利用信息技术自主学习的意识

帮助学生养成利用信息技术进行自主学习的习惯，就需要帮助学生形成良好的意识，在意识的作用下学生才能做出相应的行为。

首先，需要帮助学生培养主体意识。小学生作为教学活动的主体，受个人身心发展水平的限制，在学习过程中缺乏积极的主体意识和自觉性。因此，小学生在学习的过程中，往往需要依靠外界的指令来被动地进行学习。为了帮助学生形成良好的自主学习意识，需要提升学生的主体意识，从学生的身心发展特点出发开展教学，同时还需要积极对学生进行鼓励，利用引导代替指挥。一方面，语文教师在教学过程中需要时刻关注学生个人的思想情感，尤其是在与学生交流的过程中，需要充分尊重学生的想法，以平等的身份和姿态与学生进行交流，防止在交流过程中因为不当的语言导致学生产生畏惧心理，甚至伤害学生的自尊心。另一方面，教师也要给予学生足够的信任，尤其是在教学过程中要尊重学生，为学生创造更多展示自我的机会，并且要对学生进行鼓励。通过发现学生的闪光点，在无形中给予小学生足够的动力，进而让他们更加主动地参与学习。同时教师还要始终保持耐心，对学生进行针对性的引导，尊重学生自主学习的欲望。总体来说，为了帮助学生形成利用信息技术自主学习的意识，需要充分提升学生自身的主体意识，使其更主动地参与学习。

其次，教师和家长要支持学生使用信息技术进行自主学习。在学生学习和成长的过程中，教师和家长会对学生的学习产生非常深刻的影响。因此在教学过程中，教师和家长需要对学生利用信息技术进行自主学习持认可态度，充分激发学生自主学习的动力。在学生利用信息技术进行学习的过程中，教师和家长要正确客观地看待网络。虽然网络当中的各种信息良莠不齐，容易让学生受到干扰，但是当代学生作为使用网络的主体，利用信息技术解决各种问题是他们必须具备的一项能力。而在检验他们的这项能力时，如何利用信息技术进行学习，防止受不良信息的影响是非常关键的考核标准。在小学生利用信息技术进行学习的过程中，消极影响因素是非常多的，除了小学生个人的自控能力相对较差之外，还包括家长监督不力、教师业务能力较差、信息平台有待完善等。所以，教师和家长需要改变消极的态度，在日常的学习当中对学生进行有效引导，为学生提供足够的支持，让学生认识到利用信息技术进行自主学习对个人发展所具有的重要促进作用。为了帮助学生形成利用信息技术进行学习的意识，教师和家长可以利用相关设备有目的地向学生进行教学，进而促进学生产生利用信息技术自主学习的欲望。当然，无论是教师还是家长，都要对学生进行表扬和鼓励，积极的肯定有利于学生利用信息技术进行自主学习意识的长久发展。

（二）引导学生掌握利用信息技术自主学习的行为

小学生的年龄相对较小，心理发展不够成熟，所以无法合理地进行自我控制。当他们利用信息技术进行自主学习时，难免会出现一些不成熟的行为，这时教师和家长需要联合起来对学生进行引导，让学生在利用信息技术进行自主学习的过程中做出正确的行为。

首先，从教师层面来看，教师要发挥好自己的主导作用，帮助学生树立正确的学习目标。虽然教学活动由教师统一安排，但是学生存在一定的差异，所以取得的教学效果并不相同。因此，教师需要在教学过程中有意识地对不同的学生进行鼓励和启发，进而让学生有效实现个人的发展。在教师的引导下，小学生才能合理利用信息技术开展自主学习行为，并且保证自主学习行为符合个人的学习需求。为了保证实际的教学效果，教师要为学生开展形式多样的学习活动，比如展示学生学习成果、组织学生进行网上合作等。在开展这些活动的过程中，教师既要去收集各种教学资料，同时还要处理好学生利用信息技术进行学习可能会面临的问题，最终促使学生逐渐养成利用信息技术进行学习的习惯。教师还要及时进行评价，为学生提供反馈信息，保证学生及时掌握自己的学习成果，明确在学习过程中遇到的问题。因为小学生年纪相对较小，所以无法对网络当中的不良信息进行有效辨别，教师在教学过程中要帮助学生过滤无效资源和不良信息，为学生自主学习提供良好的保障，防止学生在自主学习的过程中受到不良信息的影响。教师与学生的交流互动也可以实现线上线下相结合，通过在线交流了解学生的个性化学习需求，帮助学生解答在自主学习过程中遇到的疑惑，从而减少无效学习，提高学习效率。

其次，家长需要做到以下两点。第一，家长要为孩子发挥引导和带头作用，从自身出发使用那些健康的网络软件。因为小学生利用信息技术进行自主学习一般是在家里，所以家人对孩子的影响更大。家长要避免在孩子面前使用那些娱乐性较强或者具有较强诱惑力的软件，要积极使用阅读类或者运动类的软件为孩子树立良好的榜样，在家庭中营造一个良好的自主学习氛围。第二，家长要积极对孩子进行监督，因为小孩子个人的自控力较差，在使用信息技术的过程中很容易被其他内容吸引。所以，家长要对孩子进行监督，引导孩子自主学习，合理制订学习计划，帮助孩子养成良好的学习习惯。这样不仅可以保证孩子自主学习的效果，而且能减少网络不良信息对孩子的影响。与此同时，小孩子个人对信息化教育资源的使用能力有限，家长需要帮助孩子对这些内容进行整理，指导孩子正确操作信息技术，促进孩子利用信息技术自主学习能力的提升。

最后，家长还要与教师积极进行沟通，因为学生在校外进行自主学习时，教师无法参与，一旦遇到问题家长就可以向教师汇报学生情况，教师在帮助家长及时解决棘手问题的同时也有助于教师及时了解学生的问题和需求，进而使教师在教学过程中能够及时调整教学内容。

（三）进行信息技术课程学习，提升学生个人的信息素养

学生在利用信息技术进行自主学习时，必然需要对信息技术进行操作，这就要求学生应具备一定的信息素养。小学阶段正是培养学生信息素养的启蒙阶段，这一阶段对学生信息素养的提升至关重要。因此，学校需要在小学阶段为学生开展信息技术课程的教学，尽可能提升学生个人的信息素养。

为了进一步提升学生个人的信息素养，在对学生进行信息技术课程教学时，教师需要引导学生学会用脑，高质量地进行信息技术课程的学习。在这一过程中，

首先，需要积极对学生进行引导，让学生认识到信息技术的价值。教师通过操作和演示，帮助学生认清信息技术对于个人发展所具有的促进作用，从而帮助学生养成利用信息技术进行自主学习的好习惯。其次，要遵循以能力为本的课程教学理念，因为信息技术本身就是一门应用性比较强的学科，所以在开展课程教学的过程中需要将重点放在培养学生个人的信息技术运用能力上，不能只进行相关知识的讲解，而要鼓励学生进行实际操作。再次，教师在教学过程中还需要对信息技术教学进行有效的教学设计，因为小学生的形象思维能力比较强，学生个人也容易被新鲜事物吸引，但是信息技术课程相关的内容比较枯燥，很难有效激发学生的学习欲望，所以教师在教学过程中需要设立有效的教学目标，将其与生活化的内容进行有效结合。教师还可以利用形象化教学、游戏教学等多种不同的教学方式，激发学生的学习兴趣。但是不论使用何种教学方式，在教学过程中都需要将其与实际生活紧密联系，让学生亲身体验到信息技术的作用，进而提升个人使用信息技术的能力。最后，还要注重学生个人信息道德的培养。随着信息技术的不断发展，学生在日常生活中可以接触的信息技术产品越来越多，因为小学生的年纪较小，个人的价值判断仍然处于探索发展阶段，这也是小学生在自主使用信息技术过程中容易产生错误行为的主要原因。在日常教学中，语文教师可以结合教材内容巧妙地进行教学活动的设计，促进信息技术对德育内容的渗透，最终帮助学生树立遵守信息法规的意识，进而逐渐形成维护信息安全的责任感，同时提升个人辨别不良信息的能力。总而言之，教师需要在教学过程中以身作则，自觉地使用各种信息技术，在潜移默化中促进个人和学生的发展。

结　语

新课标的施行为小学语文教学提出了更高的要求。它要求小学语文教学不仅要完成既定的教学任务与教学目标，还要高效地完成教学任务和教学目标。然而通过实际的调查研究可以发现，在目前阶段的小学语文教学中，因为教师仍然使用传统的教学模式进行教学，导致无法高效地完成教学任务。高效课堂的形成离不开高效的教学，但是从调查当中发现，不论是小学语文教学中的识字教学、阅读教学，还是写作教学和口语交际教学，在实际的教学过程中都没有坚持学生主体性的原则，课堂仍然是以教师为主的单向性知识传输，这不仅无法充分调动学生的参与积极性，而且会让学生产生逆反心理。因此，笔者对小学语文教学情况进行了深入的研究，对其中的问题进行了总结。结果表明，因为小学阶段的学生认知能力有限且无法长时间集中注意力，所以如果依然使用传统的教学模式进行教学，教学效果自然无法有效提升。为此，笔者主要从教学目标、教学内容、教学理念、教学方法、教学评价等不同的角度对识字教学、阅读教学、写作教学、口语交际教学提出了可行的计划，期望能够有效提升小学语文教学效果，最终促进小学生个人的发展。

此外，在新时代与新课标理念的引导下，我们需要知道语文教学不是一门独立的学科教学，在教学过程中需要与其他的学科进行有效融合，只有这样才能在提升语文教学效果的同时促进学生个人的全面发展。当今时代要求学生实现德智体美劳的全面发展，为此，本书又分别从劳动教育、德育、美育等角度出发对小学语文教学的延伸与渗透进行了研究。通过实际调查可以发现，虽然劳动教育、德育、美育等内容已经逐渐得到重视，但是在实际的教学过程中仍然没有取得理想的效果。笔者也通过实际的调查研究，针对小学语文教学与劳动教育、德育、美育等融合过程中存在的问题进行了深入研究，并且提出了有效的解决措施。

21 世纪是信息化的时代，教育也要顺应时代发展的趋势，教师要积极利用信息技术开展教学。本书最后一章就对小学语文教育与信息技术的融合与渗透进行了探讨，不仅总结分析了小学语文教育与信息技术融合过程中存在的问题与诱因，还为促进小学语文教育与信息技术的融合提供了明确的措施。合理有效地利用信息技术，不仅能够高效地开展识字教学、阅读教学、作文教学和口语交际教学，而且能有效地促进小学语文教育与劳动教育、德育、美育之间的融合，有利于完成新课标的相关要求，促进小学生的全面发展。

参考文献

白静 . 高职师范教育与小学教学的对接与整合 : 以 "双减" 政策下小学语文教师
　的职前实践教学培养为例 [J]. 开封文化艺术职业学院学报 ,2022,42(6): 90-92.

常娟娟 . 浅析小学语文教学中加强留守儿童情感教育的实践途径 [J]. 甘肃教育研
　究 ,2021(7): 77-79.

陈爱金 . 基于教育质量监测背景下提升小学语文教学有效性的探究 [J]. 国家通用
　语言文字教学与研究 ,2022(4): 161-163.

陈芳琴 . 教育信息化背景下小学语文教学中微课的运用 [J]. 中国新通信 ,2022,
　24(17): 155-157.

陈丽 . 浸润 "红色经典" , 塑造 "红色基因" : 在小学语文教学中开展 "红色教育"
　的有效途径 [J]. 语文教学通讯 · D 刊 (学术刊),2022(9): 42-44.

崔维 . "互联网 +" 教育理念下的小学语文教学实践探究 [J]. 中国新通信 ,2022,
　24(15): 182-184.

戴红稳 , 黄创新 . 在实践中深度学习 "小学语文课程与教学论" [J]. 广西民族师范
　学院学报 ,2021,38(4): 87-93.

丁永进 . 人文教育理念下小学语文阅读教学策略探究 [J]. 甘肃教育研究 ,2022(9):
　16-18.

都彦梅 , 赵振群 . 新课标背景下的小学语文教学方法 [J]. 林区教学 ,2022(8): 84-87.

高柏馨 . 实施素质教育 更新教育观念 : 后疫情时代小学语文教育现代化创新策略
　[J]. 林区教学 ,2021(3): 64-66.

参考文献

郭艳红 . 教育期刊对微信平台的使用策略探索：以《小学语文教学》杂志为例 [J].
新闻研究导刊 ,2022,13(12): 190–192.

郭艳红 . 融媒体时代教育期刊融合转型发展的策略：以《小学语文教学》杂志为
例 [J]. 文化产业 ,2022(20): 13–15.

胡欢欢 , 刘英 . "双减" 教育环境下的小学语文教学改革 [J]. 科教文汇 ,2022(13):
115–117.

黄璟 . 小学语文教学中爱国主义教育渗透的策略探究：以统编小学一年级语文教
材为例 [J]. 语文教学通讯·D 刊 (学术刊),2021(12): 47–49.

黄素花 . 小学语文教学中落实 "立德树人" 的策略 [J]. 亚太教育 ,2022(15): 42–44.

贾真光 . 非遗文化在小学语文教学中传承的研究：评《地方文化资源教育转化现
实与超越》[J]. 语文建设 ,2022(16): 85.

江琳 . 基于 STEM 教育的小学语文教学设计路径 [J]. 教育科学论坛 ,2022(26): 69–
71.

焦丽娟 . 素质教育视域下的小学语文阅读方法研究：评《小学语文阅读教学研究》
[J]. 语文建设 ,2021(16): 81.

李常玲 . 浅析如何在小学语文教学中激活学生思维 [J]. 品位·经典 ,2022(14):
161–163.

李丹凤 . 人文关怀 放飞思维：如何创设小学语文教学课堂气氛 [J]. 亚太教育 ,
2022(8): 37–39.

李苏琴 . 创设游戏情境 提升教学质量：小学语文情境游戏教学策略例谈 [J]. 华夏
教师 ,2022(22): 63–65.

刘海霞 . 劳动教育融入小学语文阅读教学的策略探究 [J]. 齐齐哈尔高等师范专科
学校学报 ,2022(4): 73–75.

刘炜 . 基于质量监测背景下小学语文教学的反思 [J]. 国家通用语言文字教学与研究 ,2022(8): 158–160.

刘月香 . "新师范教育"背景下小学语文教师教育课程群教学实践研究 : 以宁夏师范学院小学教育专业为例 [J]. 宁夏师范学院学报 ,2022,43(5): 15–20.

刘芝兰 . 小学语文教学融合环保教育策略的创新探索 : 以《只有一个地球》课程为例 [J]. 创新创业理论研究与实践 ,2019,2(22): 63–64.

鲁哲 . 古诗词在生态文明教育中的运用研究 : 基于小学语文教材的分析 [J]. 教育观察 ,2022,11(26): 67–70.

吕敏燕 . 劳动教育在统编版小学语文阅读课文中的渗透及其教学策略 [J]. 林区教学 ,2022(2): 74–77.

亓郡 , 李丹 . 基于 EEPO 有效教育创建高效小学语文课堂 [J]. 汉字文化 ,2022(12): 101–102.

乔芳菲 , 申寅子 . "双减"背景下生命教育的回归 : 以小学语文教学为例 [J]. 现代教育科学 ,2022(4): 19–23, 31.

施光宏 , 朱娉娉 . 基于学习任务群的学科融合教学策略研究 : 以小学语文教学融合劳动教育为例 [J]. 语文建设 ,2022(20): 22–26.

宋俊楠 , 马勇军 . "新课标"背景下小学语文课堂合作教学样态重塑 : 基于《义务教育语文课程标准 (2022 年版)》的分析 [J]. 现代教育 ,2022(9): 50–54.

宋耀晨 . 小学语文课文教学中爱国主义教育的启蒙 : 以《为中华之崛起而读书》为例 [J]. 林区教学 ,2022(5): 34–37.

宋园弟 . 教育类短视频需求定位、内容策划及推广策略探析 : 以《小学语文教学》杂志视频号为例 [J]. 新闻研究导刊 ,2022,13(1): 112–114.

宋园弟 . 融媒体环境下教育类期刊的品牌建设探析 : 以《小学语文教学》杂志为

例 [J]. 新闻研究导刊 ,2021,12(22): 187–189.

万平 . 基于"标准"的小学语文教育专业实践教学改革探析 [J]. 三门峡职业技术
学院学报 ,2022,21(2): 35–40.

王澜 . 小学语文渗透理想教育的现状研究 [J]. 汉字文化 ,2022(10): 101–103.

王临霞 . 小学语文古诗词教学中融入美育教育路径探析 [J]. 国家通用语言文字教
学与研究 ,2022(7): 113–115.

王小菲 . 谈小学低年级语文教学中融合德育的方法 [J]. 华夏教师 ,2022(18): 94–96.

王小锋 . 利用教育信息技术提升小学语文教学 [J]. 中国新通信 ,2022,24(16): 161–163.

王芸萍 . 基于空中课堂实施线上教育 : 小学语文阅读教学的创新 [J]. 数据 ,2022(9):
191–193.

魏莹 . 浅谈小学语文课堂教学中美育教育的渗透 [J]. 甘肃教育研究 ,2022(7): 73–75.

徐嘉仪 . 语文阅读教学中情感渗透的途径探究 : 基于新课标背景 [J]. 新西部 (理论
版),2016(21): 166, 27.

徐一丹 . 浅析新课标背景下小学语文的教育教学策略 [J]. 职业技术 ,2017,16(7):
97–98, 105.

张军香 . 从实习支教看语文"新课标"背景下的现代汉语教学改革 [J]. 高教学刊 ,
2016(20): 156–157.

张丽菊 . 让爱国主义厚植于小学语文教学中 : 以统编版四年级上册《为中华之崛
起而读书》为例 [J]. 教育科学论坛 ,2022(16): 23–25.

张筱英 . 和谐教育思想在小学语文教学中的应用探究 [J]. 国家通用语言文字教学
与研究 ,2022(7): 143–145.

张燕红 . 基于素质教育背景探究创新小学语文课堂教学 [J]. 品位·经典 ,2022(15):
160–161.

张子妍 . 小学语文教学中学生心理健康教育的策略探究探析 [J]. 华东纸业 ,
    2021,51(3): 40–43.

赵作栋 . 部编版小学语文阅读教学实施 "立德树人" 教育目标的有效策略 [J]. 品
    位 · 经典 ,2022(15): 162–164.

郑桂英 . 小学语文教学融入道德与法治教育的实践探究 [J]. 国家通用语言文字教
    学与研究 ,2022(7): 167–169.

周浅 . 春风化雨 , 润物无声 : 谈小学语文课堂教学中的德育渗透 [J]. 华夏教师 ,
    2022(15): 6–8.

曾招等 . 探讨儿童文学在小学语文教育中的地位和作用 [J]. 华夏教师 ,2022(24):
    61–63.

邹霞 . 小学语文课堂中学生社会情感能力的培养策略 [J]. 南京晓庄学院学报 ,
    2022,38(4): 35–41, 123.